DEIN MAGISCHES ZUHAUSE

JO CAULDRICK

DEIN MAGISCHES ZUHAUSE

RITUALE UND DIY-IDEEN FÜR SCHUTZ, KRAFT UND HARMONIE IN DEINEN VIER WÄNDEN

Aus dem Englischen von Holger Möhlmann

KNESEBECK

INHALT

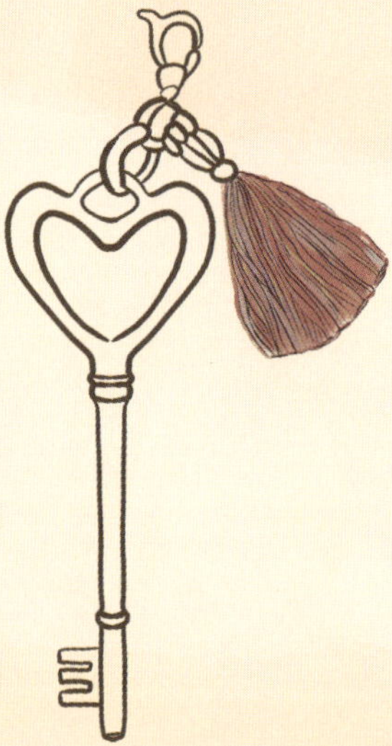

EINLEITUNG

Seit ich denken kann, bin ich eine kreative und künstlerische Seele. Meine Großmutter führte mich in die Magie des Gartens und des Mondes ein, meine Mutter brachte mir das Basteln bei und lehrte mich, ein Freigeist zu sein. Nach der Geburt meiner Kinder begann ich, mich mit spirituellen Praktiken zu befassen, woraus 2017 mein Unternehmen »The Moon Journal« entstand.

Es vergeht kein Tag, an dem ich nichts gestalte oder zumindest davon träume, etwas zu gestalten, sei es für meinen Garten oder meine Wohnung. Im Prozess des eigenhändigen Gestaltens liegt so viel Magie und Potenzial.

In einer Zeit des wiedererwachenden Interesses an Mystik und natürlicher Hexenkunst führen immer mehr Menschen ein erfüllteres Leben, indem sie die mächtigen Eigenschaften der Kräuter, Pflanzen, Blumen und Kristalle für sich nutzen. Der Zyklus der Jahreszeiten und des Mondes gibt unserem Leben den Takt vor und bietet Raum zur Selbstreflexion. Spirituelle Praktiken helfen dabei, unseren Erfahrungen eine Richtung zu geben. Und unser Heim wird zu einem Ort, der diese Magie widerspiegelt und verstärkt.

Wenn wir uns um unser Heim kümmern, dann sorgen wir auch für uns selbst. Bei Self Care geht es darum, unsere Zeit und Energie wertzuschätzen, gesunde Grenzen zu setzen und es uns wert zu sein, ein Leben zu führen, das nicht nur authentisch ist, sondern auch auf dem Zauber baut, der bereits in dir steckt.

ÜBER DIESES BUCH

Tauche ein in die Welt der magischen Künste, die deinem Heim Lebendigkeit, Entspannung und Harmonie verleihen und deine spirituellen Praktiken verstärken.

Dein Heim ist für dich ein einzigartiger Ort. Hier sollst du dich sicher, geborgen, glücklich und geliebt fühlen und deine Kreativität frei ausleben können.

Ich glaube daran, dass das Zuhause ein empfindendes Wesen ist und eine eigene Energie, ein eigenes Gedächtnis und eigene Bedürfnisse hat. Das Heim arbeitet mit ständig fließender wechselseitiger Energie. Wenn du dich unglücklich, kraftlos oder in Routinen gefangen fühlst, könnte es sein, dass dein Heim eine negative Energie ausstrahlt.

Dieses Buch enthält praktische Bastelanleitungen und Rituale, um diese Energie umzuwandeln und Fülle und Überfluss in dein Zuhause und dein Leben zu bringen. Dir geht es nicht darum, dass dein Zuhause auf Instagram gut aussieht. Du möchtest heilige Räume schaffen, in denen du dich frisch und wohl, beseelt und zufrieden fühlst.

Ich teile auch meine Liebe zu Altarbereichen mit dir. Ein Altarbereich ist eine kleine Ecke in deinem Heim, die dem Spirituellen und oft auch den Jahreszeiten gewidmet ist. Es ist ein Ort für Kristalle, Orakelkarten und Dinge aus der Natur, die bestimmte Bedeutungen haben. Der Altarbereich ist heilig und dient der Inspiration und inneren Einkehr.

Manchmal braucht es nur ein wenig Anregung und Selbstvertrauen, um ein möglichst authentisches Leben zu führen. Und wo könntest du beides besser finden als dort, wo dein Herz ist – in deinem Heim.

DAS KONZEPT DER SELBSTFÜRSORGE

Bei der Selbstfürsorge geht es darum, mit dir selbst mitfühlend umzugehen. Es ist ein ganzheitliches Konzept, das dir dabei hilft, deine körperlichen, emotionalen und spirituellen Bedürfnisse zu erkennen.

In unserer hektischen, leistungsbesessenen Gesellschaft fühlen wir uns oft ausgebrannt und leer, und das liegt an mangelnder Selbstfürsorge. Praktische Selbstfürsorge kann deine Stimmung heben, dich nähren und sättigen, inspirieren und heilen.

Selbstfürsorge – das bedeutet zunächst, dass du deinem eigenen magischen Weg folgst und im Einklang mit Mond und Natur eigene Zyklen und Rituale entwickelst, mit denen du dein Heim ehrst. Du setzt gesunde Grenzen hinsichtlich deiner Zeit und Energie und suchst nach einem tieferen Sinn in deinem Leben. Und du weißt, wann du aktiv werden und wann du dich ausruhen musst.

In einem glücklichen, magischen Zuhause wohnt ein glücklicheres, magischeres Du.

SCHUTZ

* KAPITEL 1 *

Wenn du über eine sichere Basis verfügst, fühlst du dich behüteter und beruhigter. Auch für die physische Sicherheit deines Heimes und der Dinge, die sich darin befinden, bist du verantwortlich. Ganz egal, wie klein oder groß dein Zuhause ist – du solltest es pfleglich und respektvoll und mit einer gewissen Dankbarkeit behandeln.

Doch Schutz ist nicht nur ein physisches Konzept, es hat immer auch eine metaphysische Komponente. In diesem Kapitel werden einige praktische und wirksame Maßnahmen vorgestellt, durch die du für ein starkes Harmoniegefühl in deiner Wohnung sorgen kannst.

Kräuter für Zuhause

Kräuter werden seit Tausenden von Jahren zur Heilung von Körper, Geist und Seele verwendet. Als Kind habe ich viele, viele Sommer bei meiner Großmutter verbracht, die mir alles über Kräuter beibrachte – vor allem darüber, wo man sie im und am Haus anbringen sollte.

Kräuter nehmen in der Heilkunde eine wichtige Stellung ein, nicht nur aufgrund ihrer medizinischen Qualitäten, die in einer Vielzahl heutiger Arzneien zur Anwendung kommen, sondern auch aufgrund ihrer psychischen und sensorischen Eigenschaften.

In der Astrologie hat jedes Kraut einen herrschenden Planeten und ein heiliges Element. Die heiligen Elemente sind Erde, Feuer, Wasser und Luft. Im Wicca-Glauben kommt der Geist als fünftes Element hinzu.

Dies bedeutet, dass abhängig von Jahreszeit und Standort jede Pflanze in einem astrologischen Zusammenhang steht. Assoziationen werden aufgrund der Form der Blüten und besonderer Kennzeichen vorgenommen – wie etwa der Farbe der Blütenblätter, der Umgebung, in der die Pflanze wächst, und ihrer Verwendung in Tradition und Brauchtum. Für eine Pflanze wie beispielsweise die Sonnenblume, die sich von Natur aus zur Sonne hin ausrichtet, ist diese auch der herrschende Planet (in der Astrologie gelten Sonne und Mond als Planeten, obwohl sie es streng genommen nicht sind).

Pflanzen, Kräuter, Blumen und Bäume haben natürliche und magische Eigenschaften, die von ihren herrschenden Planeten verstärkt werden. Wenn du etwa deine Kreativität und dein Selbstvertrauen steigern willst, solltest du an einem Sonntag (= Sonnentag) ein Zauberritual mit den passenden Kräutern durchführen. Du kannst dabei ätherische Kräuteröle in einem Diffuser verwenden oder aus essbaren Pflanzen und Kräutern eine Mahlzeit zubereiten.

Rosmarin

Wenn er an deiner Grundstücksgrenze oder am Gartentor wächst, wirkt er als Nachbarschaftskraut. Er verstärkt die harmonische Energie zwischen dir und deinen Nachbar:innen. Und da er auch so ein wunderbares kulinarisches Kraut ist, solltest du deinen Nachbar:innen einen Zweig davon schenken. Rosmarin ist ein echtes Muss für Haus und Garten. Du kannst er auch in deiner Küche oder in der Nähe des Altarbereichs zum Trocknen aufhängen.

Basilikum

Diese Pflanze ist auch als Hexenkraut bekannt. Sie ist mit dem Feuer verbunden und verleiht etlichen Gerichten eine wunderbar aromatische Note. Gleichzeitig kannst du positive finanzielle Energien anziehen, indem du ein getrocknetes Basilikumblatt in deine Brieftasche legst.

Lavendel

Diese Pflanze hat einen besonders charakteristischen Duft. Bienen und Schmetterlinge lieben sie, und auch du möchtest sie instinktiv berühren, wenn du an ihr vorbeikommst. Violett ist eine sehr harmonische Farbe. Getrockneter Lavendel sieht hübsch aus und kann zu jeder Räuchermischung hinzugefügt werden, da er so gut brennt.

Hier einige hilfreiche Pflanzen-, Blumen- und Kräuterassoziationen. Es sind drei pro herrschendem Planeten, doch es gibt viele weitere.

Sonne:

Stärkt Selbstvertrauen und Kreativität

* Sonnenblume
* Johanniskraut
* Kamille

Merkur:

Unterstützt Kommunikation und gedankliche Klarheit

* Zimt
* Lavendel
* Thymian

Mond:

Fördert Unterbewusstsein und Intuition

* Anis
* Kohl
* Beifuß

Jupiter:

Fördert Ehrgeiz und materiellen Erfolg

* Wacholder
* Safran
* Löwenzahn

Mars:

Stärkt Motivation und Leidenschaft

* Brennnesseln
* Kreuzkümmel
* Knoblauch

Venus:

Stärkt Schönheit und künstlerisches Talent

* Myrte
* Katzenminze
* Rainfarn

Saturn:

Unterstützt Wissenserwerb und Schutz

- Patschuli
- Rosmarin
- Johanniskraut

Neptun:

Fördert Fantasie und Manifestation

- Lotus
- Weide
- Mohn

Uranus:

Unterstützt Weiterentwicklungen und den Bruch mit Gewohnheiten

- Piment
- Nelke
- Kaffee

Pluto:

Steht für karmische Zyklen und Transformation

- Pilze
- Myrrhe
- Patschuli

Kristalle für zu Hause

Kristalle dürfen in einem magischen Zuhause nicht fehlen. Sie haben ihr eigenes Gedächtnis und ihre ganz eigene Struktur. Kristalle können zur Entspannung, zur Heilung oder zum Schutz verwendet werden – oder um Energien anzuziehen. Sie besitzen einen Zauber und spenden denjenigen, die sie verwenden, so viel Kraft. Sie sind voller Geheimnisse, und etliche Fachleute verwenden sie zum Heilen.

Indem du Kristalle und Edelsteine in deinem Heim verteilst, erfüllst du es mit Frieden und Ruhe. Bei der alten chinesischen Tradition des Feng-Shui geht es darum, Möbel und Gegenstände wohlüberlegt im Raum anzuordnen. Wenn man sie optimal platziert, werden – so heißt es – du und deine Umgebung durch die Energie des Yin und Yang in Einklang gebracht. Dasselbe gilt für Kristalle und ihre Verteilung in deinem Heim. Jeder Kristall hat eine eigene Bedeutung und Art der Anwendung. Einige können zum Beispiel negative Energien absorbieren und sollten in der Nähe von Ein- und Ausgängen platziert werden. Andere können dabei helfen, Energien zu verstärken, anzuziehen oder zu bannen. Achte jedoch darauf, deine Kristalle regelmäßig zu reinigen.

Eine einfache Reinigungsmethode

Schon als Kind hielt ich meine Kristalle in die Sonne. Wenn das Sonnenlicht auf einen Kristall trifft, ist es, als würde man in diesem eine ganze Welt sehen (dies gilt besonders für Quarze und helle Steine).

Die wirksamste Methode, einen Kristall zu reinigen, besteht darin, barfuß mit ihm im Gras oder auf dem Erdboden zu sitzen und (in Gedanken oder auch nicht) zu erklären, dass dieser Kristall nun gereinigt und frei von niederen Energien ist und neu verwendet werden kann. Schließe deine Augen und stell dir vor, wie der Kristall in goldenem Sonnenlicht oder silbernem Mondlicht badet und seine Energie zu ihrem Ausgangszustand zurückfindet.

Heilkristalle wirken am besten, wenn sie angenehm zu halten sind und gut auf die Haut gelegt werden können. Wenn ein Kristall, den du als Heilstein für deinen Körper oder zur Meditation verwendest, zerbricht oder beschädigt ist, kannst du seine Bestimmung ändern und ihn ins Erdreich einer Zimmerpflanze stecken.

Pflanzen und Kristalle ergänzen einander. Steck deinen Kristall nahe der Pflanze in die Erde. Entferne ihn, wenn du die Pflanze gießt, denn einige Kristalle wie etwa Selenit dürfen nicht nass werden. Für Quarzkristalle gilt dies nicht, da sie wasserfest sind.

KRISTALLE FÜR DEN HAUSGEBRAUCH

SELENIT:
Bestens geeignet zur Reinigung. Hindert unerwünschte Energien daran, ins Heim einzudringen. Platziere einen Selenit-Stab, also einen stabförmigen Kristall, in der Nähe deiner Eingangstür, um frische Energieströme in dein Heim zu lenken.

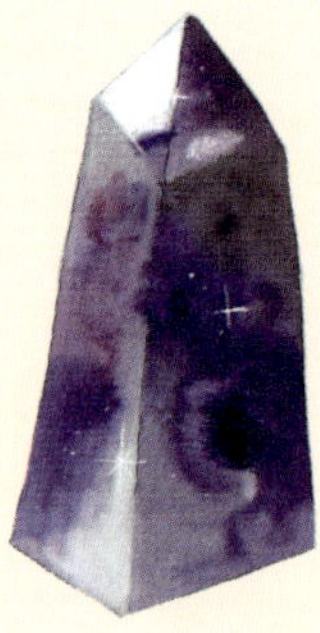

AMETHYST:
Ideal, um Stress und Gefühle von Trauer, Ärger und Abhängigkeit abzumildern. Hilft auch bei Stimmungsschwankungen. Leg einen Amethyst am besten in dein Wohnzimmer.

ROSENQUARZ:
Perfekt, um in deinem Heim eine Atmosphäre von Harmonie und Liebe zu schaffen. Leg einen Rosenquarz dafür in die Nähe deines Bettes.

BERGKRISTALL:

Der beste Kristall, den man zum Hellsehen, zur Meditation und zur Steigerung übersinnlicher Fähigkeiten benutzen kann. Verwende ihn bei Vollmond, um ihm zusätzliche lunare Kräfte zu verleihen. Du kannst ihn überall in deinem Heim platzieren.

SCHWARZER TURMALIN:

Durchbricht destruktive Denkmuster, wirkt gegen Vorstellungen, die dich kleinhalten, und schützt vor unerwünschten Energien. Leg ihn unter dein Bett.

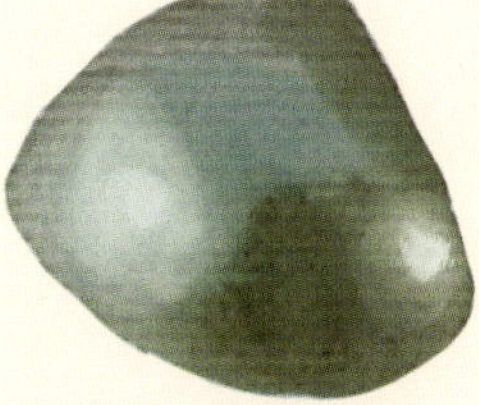

AVENTURIN:

Diesen Stein solltest du immer bei dir haben, denn er bringt Glück, Wohlstand, Reichtum und Erfolg. Du kannst ihn in die Küche oder in die Nähe deiner Eingangstür legen.

TIGERAUGE:

Für Tage, an denen du etwas Mut und innere Kraft brauchst und gut zu dir selbst sein musst. Leg ihn in die Nähe deines Spiegels.

Hexenglocken

Ich liebe Hexenglocken. Und ich erinnere mich gern daran, wie ich als Teenager in Buchläden oder hippe Klamottenläden ging, und dort hingen sie dann an der Tür und bimmelten, wenn ich eintrat. Doch abgesehen davon, dass sie ein hörbares Zeichen dafür sind, dass jemand den Laden betreten hat, ist ihr eigentlicher Verwendungszweck viel interessanter. Glocken in allen Formen und Größen kamen jahrhundertelang zum Einsatz, um die Stunden des Tages und feierliche Anlässe einzuläuten. Doch viel wichtiger ist, dass sie aufgrund ihrer Schwingungen auch als Heilwerkzeuge verwendet wurden.

Wenn sie an der Eingangstür angebracht werden, löschen sie die Energie der letzten Person, die das Heim betreten hat, und sie bannen negative Energien. Ihr leiser, aber feiner Klang löst kleine Schwingungen aus, die Frieden und Harmonie erzeugen.

Häng die Glocken in der Nähe deiner Haustür auf, in deinem Auto, im Altarbereich, über deinem Schreibtisch oder am Fenster, damit sie dir Glück bringen und negative Energien von dir abwenden.

WAS DU BRAUCHST:

- Stickgarn (zu den Farbkombinationen siehe Seite 126–129)
- Fünf kleine Messingglocken (am besten ist eine ungerade Anzahl)
- Metallring (ähnlich wie ein Schlüsselring)
- Kleinere Glocken, Kristallperlen, Federn, Amulette und Talismane zur individuellen Gestaltung

VORGEHEN:

Denke an Wohlstand und Schutz, während du aus deinen Stickgarnen eine Kordel flichst. Höre Musik oder singe beim Befestigen der Glocken. Dies soll eine angenehme und entspannende Tätigkeit sein. Vergiss nicht, dass jeder Gegenstand seine eigene Energie hat – sei dir daher bewusst, woran du denken möchtest, während du deine Hexenglocken herstellst.

Orgonit-Zauberflaschen

Orgonit ist ungemein hilfreich bei der Umwandlung negativer Energie, darunter auch der von schädlicher elektromagnetischer Strahlung. Im Wesentlichen sorgen einige Halbedelsteine, Metalle und andere natürliche Elemente, wenn sie miteinander kombiniert werden, für ein gesundes Gleichgewicht im Heim.

Orgonit-Zauberflaschen können dabei helfen, die Energie in deinem Zuhause ins Gleichgewicht zu bringen. Auch wenn eine pyramidenförmige Flasche oft von Vorteil ist, wird jede Flaschenform dem Orgonit dabei helfen, unerwünschte Strahlung auszufiltern.

Um eine Orgonit-Zauberflasche herzustellen, suchst du einfach einige natürliche Dinge aus deinem Garten zusammen und wendest auf sie die Gesetze der Alchemie an.

WAS DU BRAUCHST:

* Kleine Glasbehälter mit Korkdeckeln
* Metalldraht (Kupfer, Eisen, Stahl) oder in Streifen geschnittene Alufolie
* Kleiner Beutel mit gerollten oder gebrochenen Kristallen/Edelsteinen
* Getrocknete Kräuter oder Blätter (Lavendel, Rosmarin, Lorbeer, Kamille, Rose)
* Blattgold (optional)

VORGEHEN:

Säubere deine Zauberflaschen vor jeder neuen Verwendung. Benutze hierfür warmes Wasser und, wenn nötig, Seife, lass die Flaschen trocknen und reinige sie im Rauch von Salbei oder anderen Reinigungskräutern.

Stelle mehrere solcher Flaschen her, sodass du sie an verschiedenen Orten in deinem Heim aufstellen kannst.

1

Forme aus deinem Draht zunächst eine Metallspirale. Wickle dafür den Draht (wenn das Metall biegsam genug ist) um einen Bleistift oder biege ihn mit einer Bastelzange, sodass die fertige Spirale problemlos in die Flasche passt. Schneide überschüssigen Draht ab.

»Mit Draht aus Metall, platziert an diesem Ort, schick ich negative Energien fort.«

2

Füge die Kristalle oder Edelsteine hinzu.

»Mit Heilkristallen, platziert an diesem Ort, schick ich negative Energien fort.«

3

Füge Blattgoldplättchen hinzu, um für Wohlstand, Mut und Erfolg zu sorgen.

»Mit Gold, platziert an diesem Ort, schick ich negative Energien fort.«

4

Füge zum Schluss die Kräuter oder Blätter hinzu. Idealerweise stammen sie aus deinem Garten oder aus unmittelbarer Nähe, denn dann sind sie besser darauf eingestellt, um zu deiner Umgebung zu passen.

STELLE DIE FLASCHEN IN WICHTIGEN RÄUMEN IN DEINEM HEIM AUF, VOR ALLEM DORT, WO DU VIEL ZEIT VERBRINGST, ALSO IM SCHLAF- ODER WOHNZIMMER. DIE ORGONIT-ZAUBERFLASCHEN SIND BESONDERS WIRKUNGSVOLL, WENN DU SIE IN DER NÄHE VON ELEKTROGERÄTEN AUFSTELLST – ODER AN ORTEN, AN DENEN DU EINER GROẞEN STRAHLENBELASTUNG AUSGESETZT BIST.

ZUM AUSMALEN

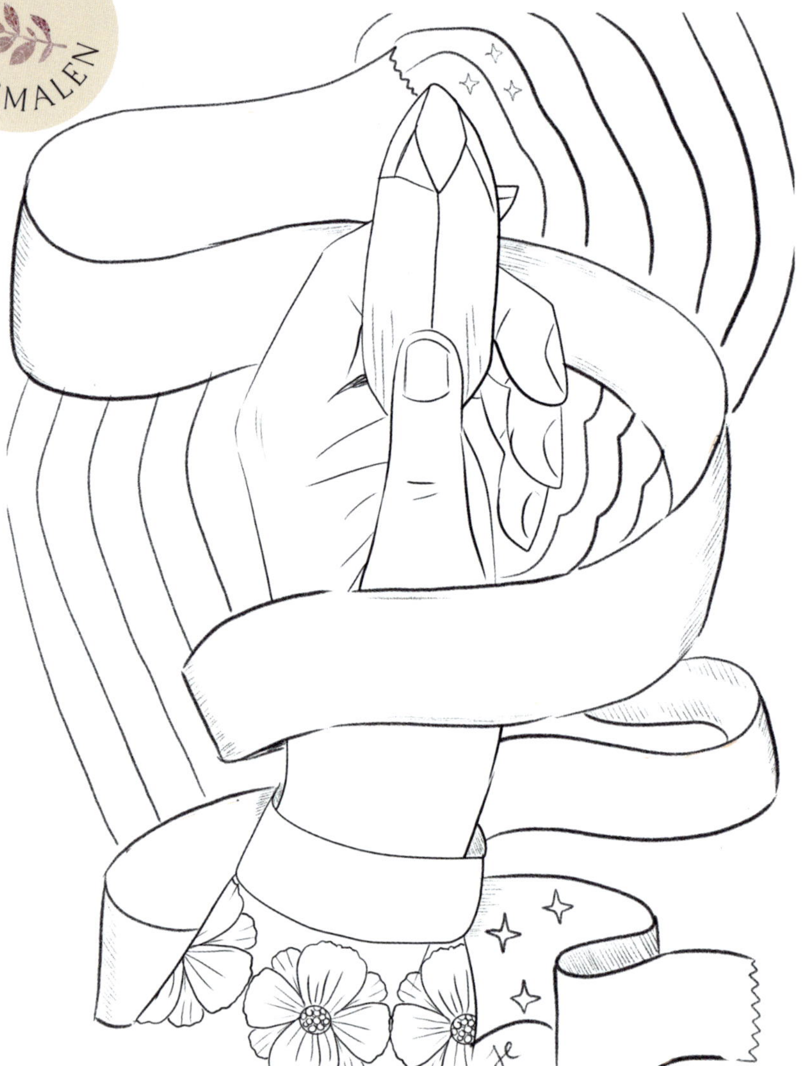

»ICH WERDE DEN INNEREN ZAUBER DIESES HAUSES ZUM LEBEN ERWECKEN.«

– Jo Cauldrick

RUNEN

Runen kommen beim Hellsehen zum Einsatz. Sie stärken die übersinnlichen Fähigkeiten und werden seit Tausenden von Jahren verwendet. Die Sprecher:innen germanischer Sprachen, darunter das Volk der Angelsachsen und Menschen aus Skandinavien sowie anderen europäischen Ländern benutzten das Runenalphabet, bevor sie das lateinische Alphabet übernahmen. Zumeist bestehen die Runen aus geraden Linien, die in etwa eine Buchstabenform bilden.

Das Wort »Rune« bedeutet so viel wie Mysterium, Geheimnis oder verborgener Sinn. Wie Tarotkarten gewähren die Runen Einblicke in die Lebensreise und den spirituellen Weg einer ratsuchenden Person. Es gibt 24 Runen plus eine leere Rune namens Odin.

Ich liebe Runen. Sie sind so einfach zu zeichnen, und du findest sicher ein paar kleine Steinchen, um dir deine eigenen anzufertigen. Traditionell wurden Runen nämlich in Stein geritzt, doch du kannst als Ausgangsmaterial auch Holz verwenden (siehe Seite 82 zu hölzernen Anhängern).

Falls du einen Ausflug an einen Küstenort planst, ist dies die perfekte Gelegenheit, um Kieselsteine für deine Runen zu sammeln. Du kannst die Runenzeichen mit goldenem Bastelkleber oder mit Acrylfarbe auftragen. Füll die Steine dann in einen Beutel mit Kordelzug. Vergiss nicht, eine leere Rune hinzuzufügen.

VERWENDUNG DER RUNEN

Bevor du deine Runen wirfst, solltest du ein Reinigungsritual mit ihnen durchführen (siehe Seite 18–19). Danach sind sie frei von allen verbrauchten Energien des letzten Mals.

Einmaliges Runenziehen:

1 Sei ganz bei dir und atme dreimal ein und aus.

2 Bitte die Runen, dir für heute Orientierungshilfe zu geben.

3 Zieh eine Rune aus deinem Beutel und wirf sie.

Dreimaliges Runenziehen:

1 Zieh die erste Rune und leg sie links von dir ab. Sie offenbart dir eine Möglichkeit in der Zukunft.

2 Zieh die zweite Rune und leg sie rechts von der vorigen ab. Sie eröffnet dir einen möglichen Weg in die Zukunft.

3 Zieh die dritte Rune und leg sie rechts von der vorigen ab. Sie enthüllt dir die übergreifende Botschaft oder das Ergebnis.

BEDEUTUNG DER RUNEN

ᚠ FEHU

Wohlstand und Glück, besonders in Sachen Besitz und Finanzen. Deine harte Arbeit zahlt sich aus. Fällt diese Rune verkehrt herum, deutet dies auf eine Stagnation oder eine glücklose Phase hin.

ᚢ URUZ

Diese Rune steht für Stärke, oft in Bezug auf einen Verlust. Doch sie steht auch für Neuanfang. Verkehrt herum: gesundheitliche Probleme und fehlende Stärke.

ᚦ THURISAZ

Du brauchst Schutz und Verteidigung. Lass deine Freund:innen und deine Familie dir helfen. Verkehrt herum: unangenehme Neuigkeiten, Gefühl der Schutzlosigkeit.

ᚨ ANSUZ

Botschaften und Einsichten kommen zu dir. Richte dich darauf ein, dass dir mehr Wissen und ein größeres Bewusstsein zuteilwerden. Verkehrt herum: Verlass dich auf dein Urteilsvermögen – nicht alles ist so, wie es scheint.

ᚱ RAIDHO

Zeit zur Veränderung. Du kannst jetzt wachsen und deine Beziehungen stärken. Verkehrt herum: Verzögerungen bei Plänen.

ᚲ KENAZ

Klarheit folgt auf Konfusion, und mit ihr kommen Kreativität und Licht ins Dunkle. Diese Rune steht für deine innere Stärke. Verkehrt herum: Konfusion und Blockaden.

ᚷ GEBO

Großmut und Glück sind reichlich vorhanden, vor allem in deinen Beziehungen, Verbindungen und Partnerschaften. Verkehrt herum: Enden und Trennungen.

ᚹ WUNJO

Jede Menge Freude, Vergnügen und Zufriedenheit. Du fühlst dich ausgeglichen und im Einklang mit der Natur. Verkehrt herum: Unausgeglichenheit und Unglücksgefühl.

ᚺ HAGALAZ

Störungen und Kräfte jenseits deiner Kontrolle. Du durchlebst eine schwierige Phase. Verkehrt herum: Verzögerungen und Probleme.

ᚾ NAUTHIZ

Du brauchst jetzt Geduld und Ausdauer, um deine Schwierigkeiten zu überwinden. Verkehrt herum: Geh weiter voran, aber mit Bedacht.

ᛁ ISA

Diese Rune steht für Blockierungen. In deinen Beziehungen stockt die Kommunikation oder kommt ganz zum Stillstand. Verkehrt herum: Konflikt und Konfrontation.

ᛃ JERA

Du erntest die Früchte deiner Anstrengungen. Außerdem steht diese Rune für die Zukunft und die Idee der Erneuerung. Verkehrt herum: Enden oder blockierte Energien.

ᛇ EIHWAZ

Diese Rune steht für einen Neubeginn nach einem Ende. Sei geduldig und vertraue auf deine innere Stärke. Verkehrt herum: Unmöglichkeit des Vorwärtskommens.

ᛈ PERTHRO

Rätsel und geheimes Wissen sind mit dieser Rune verbunden. Vertrau also auf deine Wahrnehmung. Verkehrt herum: enthüllte Geheimnisse.

ᛉ ALGIZ

Der Elch – das ist dein Verteidiger. Du wirst Hilfe bekommen, um negative Energien von dir abzuwenden. Verkehrt herum: Verwundbarkeit.

ᛊ SOWILO

Sieg und Erfolg kommen auf dich zu, vor allem im Hinblick auf deine Ziele und deine Gesundheit. Verkehrt herum: Sorge für dich.

ᛏ TIWAZ

Diese starke Rune steht für Gerechtigkeit und Ehre. Du wirst mit innerem Mut und mit Tapferkeit belohnt. Verkehrt herum: potenzielle Konflikte und Streitigkeiten.

ᛒ BERKANO

Erneuerung und Neubeginn sind auf dem Weg zu dir. Die Erde ist fruchtbar, Wachstum tritt ein, und gute Nachrichten kündigen sich an. Verkehrt herum: Stagnation und Blockaden.

ᛖ EHWAZ

Diese Rune steht für das Pferd, das Veränderung symbolisiert. Lass dich auf sie ein, und dein Weg wird ein guter sein. Verkehrt herum: Du stellst dich deinen Problemen nicht.

ᛗ MANNAZ

Diese maskuline Rune steht für Menschlichkeit und soziale Ordnung. Ein männlicher Einfluss kreuzt deinen Weg. Nutze die Gemeinschaft und deine Verbindungen, um Fortschritte zu machen. Verkehrt herum: Du brauchst Zeit allein.

ᛚ LAGUZ

Wasser und Intuition gehen Hand in Hand. Vertraue mit dieser femininen Rune deiner Intuition. Verkehrt herum: emotionale Herausforderungen.

ᛞ DAGAZ

Erkenntnis und Durchbruch lassen dich voranschreiten und Fortschritte machen. Verkehrt herum: Sei achtsam und überstürze nichts.

ᛜ INGWAZ

Diese Rune steht für Neuanfänge, gute Nachrichten und inneres Wachstum. Dies ist die ideale Zeit, um ihre fruchtbare maskuline Energie zu nutzen und etwas Neues zu beginnen. Verkehrt herum: gehemmtes Wachstum.

ᛟ OTHALA

Die Heimatrune. Sie steht für die lebenswichtige Verbindung mit deinen Wurzeln sowie mit deinen Familientraditionen und -werten. Verkehrt herum: Es kann zu Familienstreitigkeiten kommen.

ODIN (LEERE RUNE)

Das Schicksal spielt eine Rolle bei Ende und Ablauf einer Zeit in deinem Leben.

»DER HIMMEL ÜBER MIR,
DIE ERDE UNTER MIR,
DER FRIEDE IN MIR.«

– Unbekannt

Magische Reinigungssträuße

Als ich ein Kind war, hatte ich das Glück, dass bei uns im Garten ein schöner alter Apfelbaum stand. Wenn er im Frühling in voller Blüte stand, kletterte ich mit meiner Schwester immer ganz oben in den Wipfel hinein. Dort brachen wir dann Zweige ab und verwendeten sie als Schwerter und Zauberstäbe. Das passierte ganz unbewusst und war Teil unseres Spiels, doch heute gestalte ich zu jeder Jahreszeit aus saisonalen Pflanzen meine eigenen Reinigungssträuße.

Du brauchst dafür nicht unbedingt Zweige. Es geht lediglich darum, dass du dir aus getrockneten Pflanzen einen duftenden, interessanten, zur Jahreszeit passenden Strauß zusammenstellst.

Einen Reinigungsstrauß zusammenzustellen, ist eine sehr schöne jahreszeitliche Betätigung. Die Bestandteile deines Straußes kannst du allein oder zusammen mit anderen aussuchen. Es ist eine Art magisches Blumenarrangement. Die Arbeit mit den Blüten und Blättern stärkt deine Kreativität und deine Verbindung mit der Natur. Du kannst mit den Sträußen dein Heim oder deinen Altar dekorieren. Du kannst mit ihrer Hilfe auch einen Zauber verstärken, indem du deinen Strauß auf einen Gegenstand richtest, dem du deine besondere Aufmerksamkeit schenken willst.

Die Kräuter und Zweige, die ich hier empfehle, sind nur Vorschläge. Viel besser ist es, wenn du Pflanzen der Saison verwendest, die zu deinem Wohnort und dem dortigen Klima passen.

Bitte denke daran, dass diese Sträuße nicht zum Anbrennen und Räuchern gedacht sind.

WAS DU BRAUCHST:

- Kräuter der Saison und kleine Zweige mit Blättern (Salbei, Lorbeer, Lavendel, Rosmarin, Eukalyptus, Tannengrün usw.); verwende Kräuter, die gut trocknen und ihre Form behalten
- Getrocknete Blumen: Du kannst sie zum Trocknen in einen Wäscheschrank hängen oder bereits getrocknet kaufen
- Garten- oder Bastelschnur
- Bänder zum Dekorieren

MAGISCHER TIPP:

OFT BEFESTIGE ICH EIN KLEINES STÜCK QUARZKRISTALL MIT DICKEM DRAHT AM STRAUß. ES KANN DABEI HELFEN, HARMONISCHE ENERGIEN DURCH DIE KRÄUTER ZU LEITEN. DU KANNST ABER AUCH PERLEN, AMULETTE ODER TALISMANE AM STRAUß BEFESTIGEN.

VORGEHEN:

Bilde aus deinen Kräutern kleine Häufchen und nimm von jedem eine gewisse Menge, bis du die gewünschte Größe deines Straußes erreicht hast. Halte die Stängel ganz unten fest und umwickle sie mehrfach in verschiedene Richtungen mit Schnur. Ich umwickle meine Sträuße gern spiralförmig bis fast ganz nach oben, wickle dort ein paar Mal horizontal und wickle dann spiralförmig wieder nach unten. Danach ziehe ich die Schnur sehr fest an und lasse sie im Strauß verschwinden. Bevor du die Enden der Stängel zurechtstutzt, sollten sie eng zusammengebunden sein. Ganz zum Schluss kannst du ein Schmuckband hinzufügen.

Frühlingsstrauß

BANDFARBEN:

Pastellig, Blau, Lavendel, Gelb und Grün

KRISTALLE:

Amethyst, Rosenquarz, Mondstein, Aquamarin

KRÄUTER UND BLUMEN:

Narzisse, Lavendel, Rosmarin und Wildkräuter

Sommerstrauß

BANDFARBEN:

Gold, Rosa, Grün, Sonnengelb

KRISTALLE:

Citrin, Tigerauge, Bernstein, Topas

KRÄUTER UND BLUMEN:

Thymian, Rose, Päonie, Basilikum

Herbststrauß

BANDFARBEN:

Schwarz, Violett, Silber und Orange

KRISTALLE:

Onyx, Karneol, Obsidian

KRÄUTER UND BLUMEN:

Chrysantheme, Rosmarin, Salbei, Ringelblume

Winterstrauß

BANDFARBEN:

Eisblau, Dunkelrot, Dunkelviolett

KRISTALLE:

Bergkristall, Coelestin, Rubin, Blutstein

KRÄUTER UND BLUMEN:

Distel, Rosmarin, Mistel, Stechpalme, Salbei

Das Hexenhaus

Mein Zauberhaus, du bist mein Schatz,
mein Rückzugsort, mein Lieblingsplatz.
Du bist wie eine zweite Haut,
so mein, so sicher und vertraut.

Bei Neumond ist Besuch willkommen!
Auch Geister werden aufgenommen,
die der Natur entsprungen sind.
Du bietest Schutz vor Schnee und Wind.

Ich segne dich, bevor ich geh,
bin froh, wenn ich dich wiederseh.
So wie du mir, so dien ich dir.
Nur gute Energie herrscht hier.

Bei Vollmond putz ich dich heraus.
Du riechst nach Weihrauch, liebes Haus,
und wirst zu jeder Jahreszeit
mit neuer Zauberkraft geweiht.

Miniaturbesen

Als ich ein Kind war, wünschte ich mir insgeheim, ich könnte auf einem Besen durch den Wald hinter unserem Haus fliegen. Traditionell werden Besen aus Birkenzweigen und einem Stiel aus Eschen- oder Eichenholz hergestellt. Aber man kann natürlich auch kleinere Besen anfertigen. Ich bastle mir (vor allem zu Samhain) oft solche Miniaturbesen, um verbrauchte Energien zu verscheuchen und alte Denkmuster, die mich nur hemmen, symbolisch wegzufegen.

Besen sind gleichbedeutend mit Hexen, Feen und Brauchtum. An Beltane, einem heidnischen Fruchtbarkeitsfest am 1. Mai, wird traditionell das Ritual des »Besenspringens« durchgeführt – oft soll damit negative Energie symbolisch gebannt oder der heilige Bund zwischen zwei Menschen gefeiert werden.

Samhain ist auch ein wichtiger Zeitpunkt, um Besen zu gestalten, herzustellen und zu benutzen, um das Heim dadurch zu ehren und zu schützen. Samhain ist ein heidnisches Fest, das am 31. Oktober gefeiert wird. Es ehrt die Toten und gilt als das Neujahrsfest der Hexen. Auf dem »Jahresrad« liegt es dem Fest Beltane genau gegenüber und ist das dritte Erntefest.

Was mir an selbst hergestellten Besen so gut gefällt, sind die vielfältigen Möglichkeiten der Anwendung, die sie dir in der Praxis eröffnen.

Türbesen

Bastle dir einen kleinen Besen, der auf der Veranda oder an deiner Haustür steht. Hexen setzen einen Besen oft als symbolisches Werkzeug ein, verwenden sie aber nicht wirklich. Auch in diesem Fall hat der kleine Besen nur dekorativen Charakter.

Küche

Du kannst dir ein paar Besen basteln, die von deinen Lieblingskräutern inspiriert sind, und sie bei deinen Töpfen aufhängen.

Schlafzimmer

Bastle dir einen kleinen Besen aus Lavendel und Obsidian und lege ihn unter dein Bett, um besser zu schlafen und böse Träume abzuwenden.

ZUM AUSMALEN

DAS JAHRESRAD

NÖRDLICHE HEMISPHÄRE

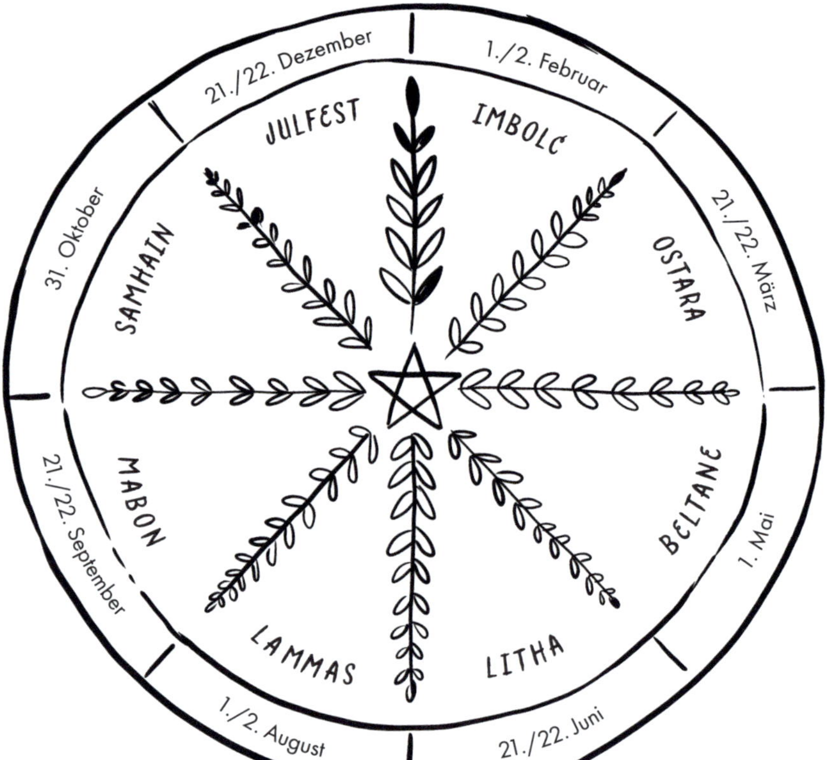

MALE DEIN JAHRESRAD DEN JAHRESZEITEN ENTSPRECHEND AUS.

SÜDLICHE HEMISPHÄRE

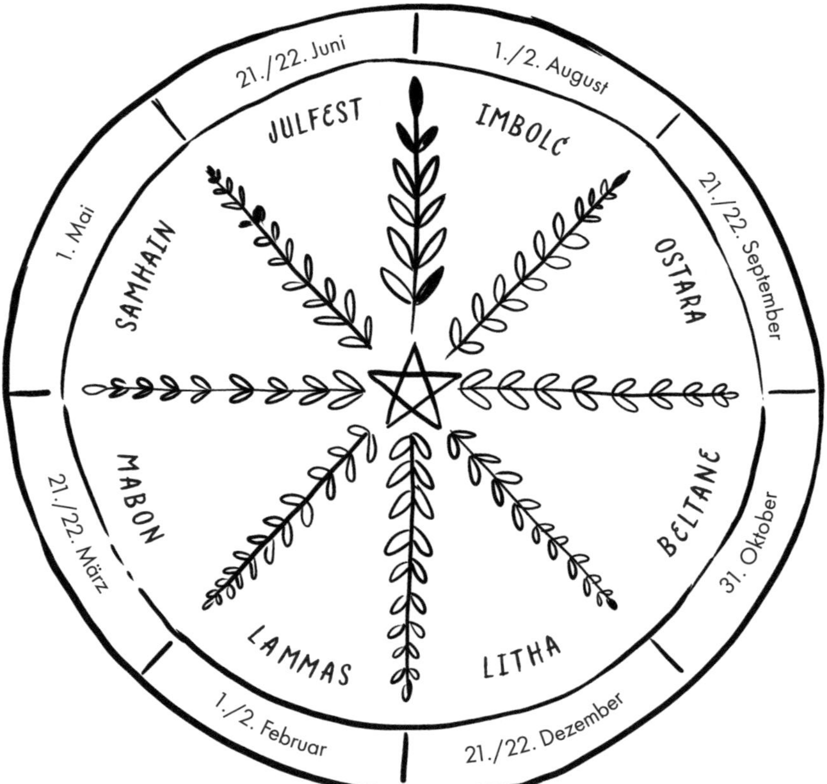

WAS DU BRAUCHST:

- Abgefallenes Holz ist für den Besenstiel am besten geeignet. Wenn du dir das Ziel setzt, einen Besen herzustellen, wird das Holz dich finden. Hast du kein Eichen- oder Eschenholz zu deiner Verfügung, dann verwende etwas Ähnliches wie einen Kiefernast oder ein Bambusrohr. Wähle eine Länge von etwa 25–30 cm.
- Zweige von Birken oder Kräutern (Thymian, Rosmarin, Beifuß) für die Borsten. Sie sollten ebenfalls 25–30 cm lang sein, sodass du sie später auf eine Länge zurechtschneiden kannst.
- Eine scharfe Schere
- Basteldraht und gewachste Schnur, um den Besenstiel zu befestigen
- Sigillen (siehe Seite 52), Talismane oder andere Dinge, die für dich einen besonderen Zauber oder eine Bedeutung haben
- Getrocknete Blumen oder Kräuter
- Deinen Lieblingskristall

FOLGE DER ANLEITUNG, UM DEINEN BESEN HERZUSTELLEN. ZUVOR KANNST DU DEN STIEL AUF WUNSCH AUCH SCHLEIFEN ODER WACHSEN.

VORGEHEN:

1

Nimm die Birkenzweige (und/oder Kräuter) in die Hand und halte sie kopfüber. Drück sie leicht zusammen und schneide sie so, dass sie alle dieselbe Länge haben.

2

Leg die Zweige vorsichtig hin. Sie sollten nun etwa ein Drittel so lang sein wie der Besenstiel. Eventuell musst du ein paar Mal nachschneiden, um die richtige Länge zu erreichen.

3

Wenn die Zweige die gewünschte Länge haben, umwickle sie etliche Male mit Schnur und/oder Draht, sodass sie fest sitzen.

4

Befestige ein kleineres Bund getrockneter Blumen an den Zweigen.

5

Um den Zauber noch zu verstärken, befestige einen Kristall oder deinen liebsten Talisman am Blumenbund.

Um dekorative herbstliche Küchenbesen herzustellen, befestigst du kleine Rosmarinzweige oder Kiefernnadeln an einer Zimtstange. Ich mache das gern, da es die Küche gleich zum Leben erweckt.

VERBINDUNG

* KAPITEL 2 *

Verbindungen sind lebenswichtig, wenn du aus deinem Zuhause ein wundervolles Hexenheim machen willst. Wie oft kommt es vor, dass du Dinge ganz intuitiv in deiner Wohnung verteilst und dich dabei von deinem Gefühl für diese Gegenstände leiten lässt! Zu den Dingen, mit denen dich eine spezielle Erinnerung verbindet, hast du eine besonders enge Beziehung – genau wie zu den Dingen, die du für dich selbst bastelst oder herstellst.

Natürliche Materialien oder Gegenstände wie Kristalle, Holz, Steine oder Naturfasern schaffen ebenfalls magische Verbindungen in deinem Heim.

Wenn du dich nach dem Mondzyklus und dem Wechsel der Jahreszeiten richtest, wirst du deinen eigenen Rhythmus finden und dein Vertrauen in die Magie vertiefen.

Kristall-Mandalas für Hilfe und Heilung

Kristall-Mandalas, auch Crystal Grids genannt, entstehen, wenn man bestimmte Kristalle und natürliche Gegenstände auf einer flachen Oberfläche zu Mustern arrangiert. Dabei handelt es sich immer um heilige geometrische Muster, denn sie spiegeln die mathematischen Größenverhältnisse aller Lebewesen wider.

Wenn du Kristalle mit heiliger Geometrie zusammenbringst, kannst du einige wunderschöne Muster erschaffen, welche die Atmosphäre in deinem Heim harmonisieren und die positiven Schwingungen verstärken, nach denen du in deinem Leben strebst. Du kannst aber auch Pflanzen, Stöcke, Steine oder Quarze verwenden, denn auch in ihnen stecken der Zauber und die Erinnerungen der Umgebung, in der sie gefunden wurden. Füge Blätter, Beeren, Federn, Muscheln und Blütenblätter zu deinen Mustern hinzu, und du wirst den gewünschten Effekt verstärken.

Als Kind hatte ich eine riesige Sammlung von Kristallen und Steinen, und auch meine Töchter sammelten auf unseren täglichen Spaziergängen immer kleine Stückchen Quarz. Kristalle haben etwas an sich, das unsere Fantasie und unsere Sammelleidenschaft anregt. Erst als Teenager erfuhr ich etwas über ihr magisches Potenzial, und zwar von der Besitzerin einer Kristallhandlung.

***Die wichtigste Regel lautet:** Der Kristall wählt dich aus. Lege dein Geld klug an, kaufe nur Kristalle von guter Qualität und gib gut auf sie acht. Jeder möchte natürlich eine Sammlung haben, die eines Museums würdig ist, doch meist reicht es völlig, wenn du ein paar ausgewählte Steine besitzt, die du täglich verwenden kannst.*

MEINE EMPFEHLUNGEN:

1 **FÜR VERSTÄRKENDE ENERGIE** verwende einen großen Quarzkristall mit flacher Basis und nutze ihn in einem Raum, in dem du etwas verstärken oder vergrößern willst. Du kannst zum Beispiel ein Kristall-Mandala auf einem Kaminsims oder einem kleinen Tisch legen, um Reichtum und Glück anzuziehen oder um den Raum zu segnen.

2 **FÜR UNTERSTÜTZENDE ENERGIE** empfehle ich einige glatt gerollte Citrine, Quarze, Turmaline, Tigeraugen oder Rosenquarze für dein Baderitual.

3 **FÜR SCHÜTZENDE ENERGIE** verwende Steine, die böse Träume vertreiben und alles Negative neutralisieren, wie etwa einen Obsidian, Labradorit, Amazonit oder Mondstein. Du kannst damit auch kleine Kristallmuster legen, die nur wenig Platz brauchen.

4 **FÜR HILFE BEI DER ORIENTIERUNG** verwende ich gern Amethyst, Aventurin, Hämatit und Karneol.

Hier drei einfache Muster, die du nachlegen und zu verschiedenen Zwecken einsetzen kannst.

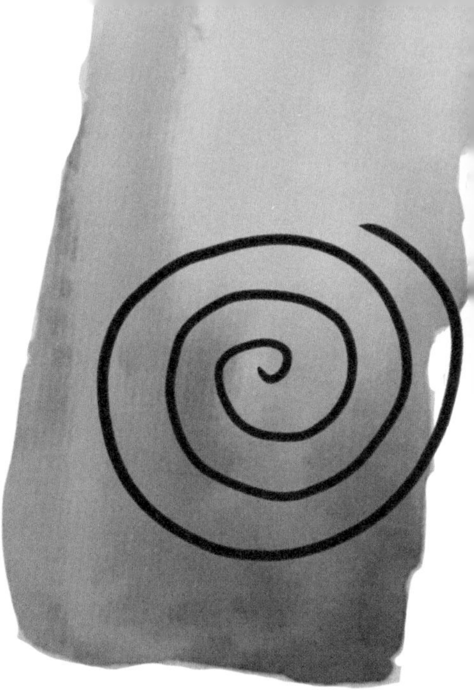

1. SPIRALE

Dies ist eines der ältesten und heiligsten Symbole. Es trägt den Geist der Erneuerung in sich und steht für die zyklische Natur von Leben und Tod. Verwende dieses Muster, um dein Glücksgefühl und deine Gesundheit zu stärken – und für ein lebendigeres Selbst.

2. SAAT DES LEBENS

Dieses Muster besteht aus sieben Kreisen, die so ineinander verflochten sind, dass sich in der Mitt eine Abfolge von sechs Blütenblättern ergibt. Du kannst dieses kraftvolle heilige Symbol nutzen, ur dein Talent zum Manifestieren zu vergrößern ode um Motivation und innere Stärke zu entwickeln.

3. VESICA PISCIS

Dies ist eines meiner Lieblingsmuster. Es steht für den Schoß des Universums und die Verbindung zwischen der spirituellen und der physischen Welt. Du kannst dieses Muster draußen in deinem Garten, am Strand, im Wald oder zu Hause auf deinem Altar legen. Es ist sehr praktisch und vielseitig. Nutze es, um Harmonie zu erlangen, wieder ins Gleichgewicht zu kommen und die Verbindung zu deinem wahren Wesen und höheren Selbst zu vertiefen.

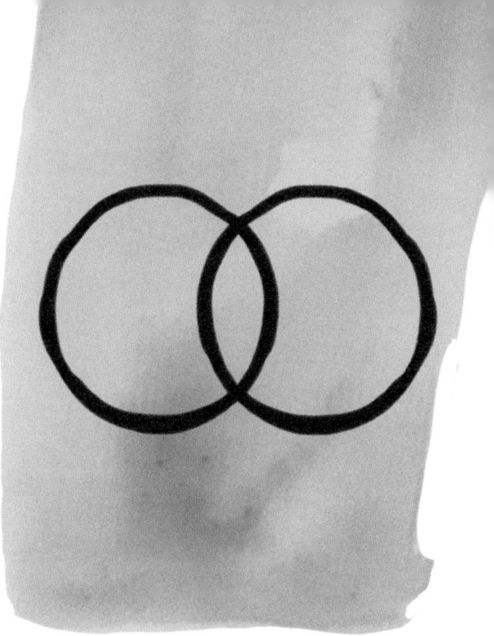

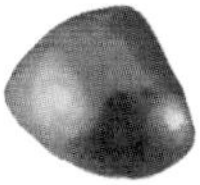

An ein paar Dinge solltest du denken, wenn du Kristallmuster legst:

- Folge immer deiner Intuition, wenn du Kristalle und natürliche Bestandteile für deine Muster benutzt. Deine Fantasie ist sehr mächtig.
- Praktiziere so viel spirituelle Hygiene wie möglich. Reinige die Fläche, auf der du arbeiten willst, wasch dir die Hände, sei ganz bei dir und überstürze nichts. Dies ist eine langsame und heilige Tätigkeit.
- Du kannst deine Steine ganz einfach im Rauch getrockneter Kräuter aus deiner Umgebung oder mit einem organischen Räucherstäbchen reinigen.
- Setze deine Ziele, indem du entscheidest, welchen Zweck das Kristallmuster haben und wie es für dich arbeiten soll.

Sigillen für jeden Tag

Sigillen sind magische Symbole voller Bedeutung. Tagtäglich sind wir von Symbolen umgeben, von denen wir oft gar nicht wissen, dass sie eine Schwingung und einen Zweck in sich tragen – ganz wie populäre Markenlogos oder Icons. Einfach ausgedrückt, sind Sigillen Symbole, die für diejenigen, die sie zeichnen, eine auf ihrer beabsichtigten Nutzung beruhende Bedeutung haben.

Ich nutze Sigillen ganz unwillkürlich, und ich habe lebhafte Erinnerungen daran, wie ich in meinen Schulbüchern meine eigenen geheimen Sigillen entwarf. Ganz praktisch können Sigillen deinem Unterbewusstsein dabei helfen, ein Symbol mit einer Handlung in Verbindung zu bringen, was vor allem dann hilfreich ist, wenn du mal langsamer machen willst, eine Pause brauchst, dich konzentrieren möchtest oder dein Unterbewusstsein dazu bringen willst, sich an etwas Wichtiges zu erinnern.

In deinem Heim eignen sich Sigillen ganz wunderbar dazu, deine magischen Fähigkeiten zu verbessern.

VERSCHIEDENE ARTEN VON SIGILLEN UND IDEEN, WIE DU SIE IN DEINEM HEIM VERWENDEN KANNST:

1 Die bekanntesten und beliebtesten Sigillen sind solche, die Tierkreiszeichen, Sterne, Mondphasen, heilige Elemente, Formen aus der heiligen Geometrie und Ähnliches symbolisieren. Man könnte sie die »sinnhaften Sigillen« nennen, denn sie unterstützen dein Gedächtnis.

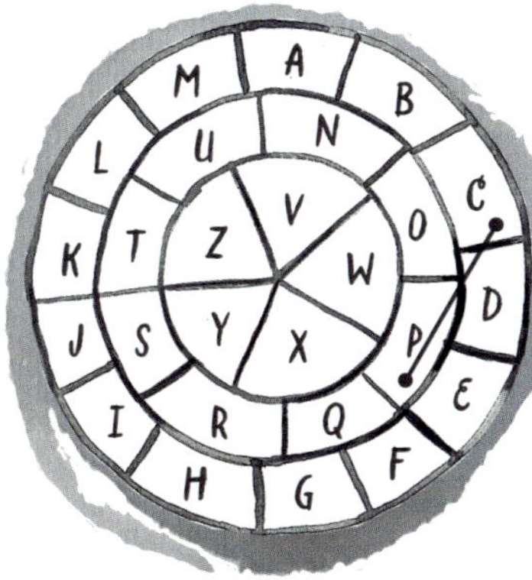

2 Eine andere beliebte Möglichkeit, um Sigillen zu kreieren, ist die Nutzung eines »Hexenrades«, in dem die Buchstaben des Alphabets in drei Ringen angeordnet sind (vgl. Abbildung). Wähle ein Wort wie zum Beispiel »PEACE« und entferne daraus alle Vokale und doppelten Buchstaben. Auf diese Weise ergibt sich eine vereinfachte Version, in diesem Fall »PC«. Nun verbindest du die übrig gebliebenen Buchstaben auf dem Hexenrad, und die Form, die sich daraus ergibt, ist deine Sigille.

3 Meine liebste Vorgehensweise, um Sigillen zu kreieren, besteht jedoch darin, einfache Formen zu zeichnen, die mir beim Meditieren, beim Entspannen oder bei einem Spaziergang durch die Natur in den Sinn kommen. Du kannst zum Beispiel hübsche Blumen- oder Kräutersigillen gestalten, die dich an eine bestimmte Medizin oder ein pflanzliches Heilmittel erinnern. Vielleicht magst du ja eine Schafgarbe, die für ein gesundes Herz und einen gesunden Kreislauf steht, als einfache Sigille zeichnen. Indem du dies tust, gelangst du in die Energie der pflanzlichen Heilkunde. Ich nenne solche Zeichensymbole »Meditationssigillen«.

Gestalte deine eigenen Sigillen und experimentiere mit gezeichneten oder gemalten Linien. Eine Sigille ist ein Symbol, das du selbst entwirfst und das für dich eine Bedeutung und ein Gedächtnis hat. Kritzle also ruhig ein wenig in deinem Notizbuch herum – denn so kommst du auf die besten Ideen.

WASSERZAUBER

Bei einem Wasserzauber drosselt man das Tempo, ist ganz bei sich und arbeitet mit dem heiligen Element Wasser.

Indem du Wasser mit Respekt und Dankbarkeit behandelst, lädst du es mit positiven Schwingungen auf, was sowohl dir als auch deiner heimischen Umgebung guttut.

VORGEHENSWEISE BEIM WASSERZAUBER

Schau dir zunächst die Gefäße genau an, die du zu Hause mit Wasser füllst. Woraus trinkst du? Ist das die beste Lösung für deine Gesundheit? Könntest du etwas verändern? Vielleicht solltest du ja besser Glas statt Plastik verwenden.

Für Pflanzen:

Wähle ein Gefäß, das nur zum Gießen deiner Pflanzen bestimmt ist. Auf meine Gießkanne habe ich die Worte »gesund, stark, ergiebig« geschrieben. Auf diese Weise lade ich das Wasser jedes Mal auf, wenn ich mich um meinen Garten kümmere.

Für dein Heim:

Setze, wenn möglich, natürliche Filter direkt in deine Wasserhähne ein. Falls das nicht geht, verwende ein gutes Filtersystem, um schädliche Zusatzstoffe aus deinem Wasser zu entfernen. Vergiss nicht, dankbar für den Fluss des Wassers zu sein. Du kannst dein Wasser auch mit einem Kristallstab reinigen. Formuliere dabei das klare Ziel, die Lebenskraft ins Wasser zurückzuleiten und es für deine Gesundheit zu optimieren.

Für Getränke:

Eine Spiritualistin hat mir beigebracht, Getränke immer im Uhrzeigersinn einzuschenken, um Reichtum und Gesundheit in mein Leben zu bringen. Denk an die »Spirale« in der heiligen Symbologie.

ZUM AUSMALEN

21 DINGE, DIE ICH AN MEINEM LEBEN

★ LIEBE ★

1

2

3

4

5

6

7

8

9

10

11

12

13

14

15

16

17

18

19

20

21

ZUM AUSMALEN

Hab Spaß dabei, diese Zauberflaschen zu den Elementen Luft, Feuer, Erde und Wasser auszumalen.

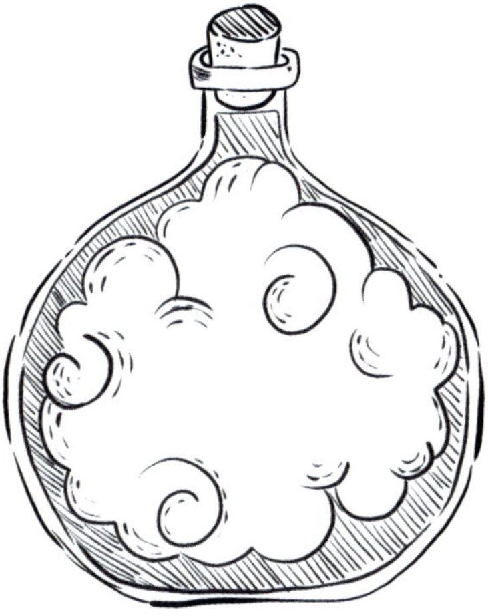

Luft

Feuer

Erde

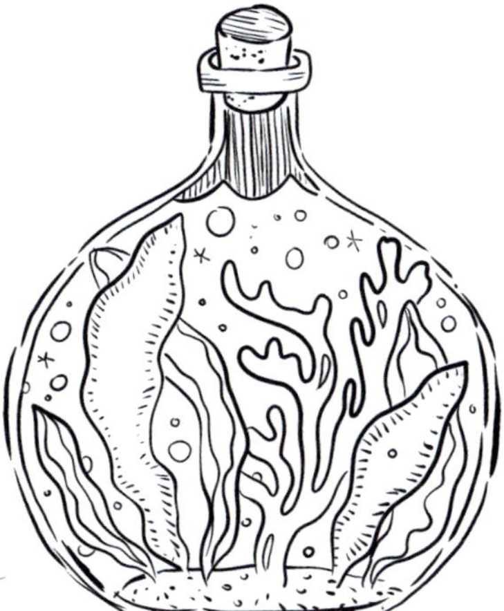

Wasser

Musik und Töne in deinem Heim

Die Musik, die du hörst, und die Töne in deinem Zuhause und deiner Umgebung spielen eine große Rolle bei den Schwingungen, die deinen Körper und die natürlichen Elemente um dich herum beeinflussen. Achte genau darauf, vor allem wenn du dich unausgeglichen fühlst.

Bestimmte Gegenstände und Materialien machen von Natur aus Geräusche, die auf deinen Körper wirken können.

Windspiele:

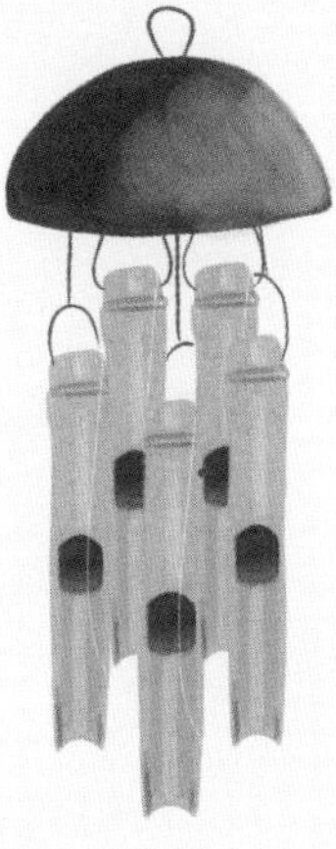

Bambusstäbe haben einen tieferen und dumpferen Klang als Metallstäbe, die manchmal etwas unangenehm klingen. Wenn du nach einem Windspiel für dein Haus oder deinen Garten suchst, dann achte darauf, dass dir der Klang gefällt und du ihm gern zuhörst.

Siehe hierzu auch das Kapitel »Hexenglocken« auf Seite 22.

Klangschalen:

Klangschalen, auch bekannt als Tibetanische Klangschalen, senden Tonschwingungen aus, wenn sie von einem Schlägel oder Klöppel angeschlagen werden. Es ist eine große Vielfalt an Schalen auf dem Markt – von klassischen Metallschalen bis zu New-Age-Modellen aus Kristall. Jede Schale hat ihren ganz eigenen Ton, und die Töne werden zu unterschiedlichen Zwecken eingesetzt. Hohe Töne zum Beispiel eignen sich besser für körperliche Heilungsprozesse, wohingegen tiefere Töne beim Erden und Stressabbau hilfreich sind.

Fließendes Wasser:

Es gibt keinen Grund, warum du nicht einen kleinen solarbetriebenen Zimmerspringbrunnen in deinem Heim haben solltest. Stell ihn einfach in einen Eimer oder eine Schale mit Wasser und füge ein paar Wasserpflanzen hinzu. Das Geräusch von Wasser wirkt extrem heilend und beruhigend. Vor allem wenn du keinen Garten hast, kannst du dir auf diese Weise deine Wohnung in ein kleines Paradies verwandeln.

432-Hertz-Musik:

Musik erzeugt immer Emotionen, und eine der besten Möglichkeiten zu entspannen besteht darin, Musik zu hören, die eine Frequenz von 432 Hertz hat. Denn dann synchronisieren sich die beiden Gehirnhälften, was wiederum die Kreativität und die Intuition stärkt.

Hexenwanderstäbe

Das Leben ist eine Reise, und wie kann man wichtige Meilensteine im Leben besser kennzeichnen als durch einen Wanderstab? Ein Hexenwanderstab dient dazu, Zeiten in deinem Leben symbolisch zu markieren, in denen sich etwas Denkwürdiges ereignet hat – dies gilt vor allem dann, wenn du einer Sache entwachsen bist oder eine Schwierigkeit überwunden hast. Doch so ein Stab lädt auch dazu ein, Erinnerungen zu schaffen. Traditionell gehört ein Fotoalbum dazu, das du in einer Schachtel unter deinem Sofa aufbewahrst. Wenn du dir einen Hexenwanderstab anfertigst, kannst du sehen, wo du stehst und was als Nächstes kommen soll.

Ich habe solche Stäbe mein Leben lang verwendet und sie mit meinen Kindern zusammen gebastelt. Besonders gefällt mir, dass alles damit anfängt, den richtigen Stock auszuwählen – das ist an sich schon ein kleines Abenteuer. Wenn du das Ziel formulierst, einen Wanderstab anzufertigen, wird es nicht lange dauern, bis das Universum und die Baumgeister den perfekten Stock für dich bereitstellen.

WAS DU BRAUCHST:

- Einen starken und nicht morschen Stock
- Feines Schmirgelpapier
- Stickgarn in verschiedenen Farben
- Acrylfarbe
- Pinsel
- Bänder

VORGEHEN:

1 Wähle einen Ast oder Stock aus und schmirgle alle rauen Stellen glatt.
2 Heiße den Wanderstab in deinem Heim willkommen und finde einen passenden Platz für ihn. Wie ein Hexenbesen ist auch ein Wanderstab eine hübsche Ergänzung in deinem Zuhause.
3 Du kannst auch mehrere Wanderstäbe in verschiedenen Größen im Haus haben. Vielleicht ein paar kürzere, um daraus Hexenwanderstäbe zu basteln, und ein paar längere zur Ergänzung über einen längeren Zeitraum.
4 Sieh diese magischen Stäbe als eine Sammlung von Zauberstäben, die du mit der Zeit immer mehr erweiterst. Die Farben, die du verwendest, sind ebenfalls von Bedeutung. Wähle Farben, die für ein bestimmtes Gefühl oder für eine ästhetische Note stehen, die du in deinem Heim haben willst. Umwickle den Stab mit Schnur oder Garn. Fasse die Fäden zusammen, um unverwechselbare Farbstreifen zu kreieren. Alternativ kannst du auch farbige Streifen auf das Holz aufmalen.
5 Wenn dich ein bestimmtes Ereignis beschäftigt wie etwa ein neuer Job, ein Umzug oder ein neues Familienmitglied, das du willkommen heißen möchtest, kannst du deinen Hexenwanderstab dazu nutzen, das Ereignis zu vermerken. Befestige kleine Geschenkanhänger mit einem Datum an den Fäden oder nähe ein paar Perlen an, um ihnen mehr Textur zu verleihen und sie interessanter zu machen.
6 Du kannst auch ein Datum auf das Holz auftragen, eine spezielle Sigille verwenden oder Fotos oder Schildchen direkt am Stock zu befestigen.
7 Stell deinen Hexenwanderstab wie einen Wandschmuck zur Schau oder deponiere ihn aufrecht in einer besonderen Ecke in deinem Heim.

Engelszahlen

Die Numerologie ist eine Geheimwissenschaft und eine Methode der Wahrsagerei, die angewendet wird, um die spirituelle Beziehung zwischen Zahlen und ihrer Bedeutung zu verstehen.

Hast du schon einmal sich wiederholende Ziffern oder Ziffern in einer bestimmten Abfolge gesehen? Vielen Menschen passiert das, und es wird oft auf ein erwachendes Bewusstsein zurückgeführt.

Wenn dir in deinem alltäglichen Leben bestimmte Zahlen begegnen oder du bemerkst, dass ein zufälliges Ereignis genau zum richtigen Zeitpunkt eintritt, kann das ein Hinweis auf deinen spirituellen Weg und ein Zeichen dafür sein, dass deine Engel oder geistlichen Ratgeber dich unterstützen. Achte auf diese Zahlen und auf die Botschaften, die sie bringen.

HIER EINIGE SICH WIEDERHOLENDE ZIFFERN UND IHRE BOTSCHAFTEN:

111 Neuanfänge
Passe dich deinem neuen Weg an und bleibe bei deinen optimistischen und positiven Affirmationen. Vertraue deiner inneren Weisheit und Intuition, entwickle sie weiter und gib ihr mehr nach.

222 Baumeister
Ausgeglichenheit ist der Schlüssel. Bleibe zuversichtlich und sieh die Ereignisse in deinem Leben philosophisch. Nichts passiert zufällig, alles ist Teil eines Plans. Deine Engel beschützen dich.

333 Meister der Weisheit
Die Dreieinigkeit von Körper, Seele und Geist wird jetzt erweitert. Deine wachsende und sich ausdehnende Fantasie unterstützt dich auf deiner Seelenreise und gibt denjenigen Auftrieb, die deinen Weg kreuzen. Die Meister der Weisheit beschützen dich jetzt.

444 Lebensinhalt
Erhalte dir deine Hingabe und Begeisterung für deine Ziele und Träume. Du hast nichts zu befürchten, denn du wirst beschützt und geleitet.

555 Veränderungen im Leben
Du wirst aufgefordert, all das loszulassen, was du nicht mehr brauchst, und darauf zu vertrauen, dass dieser Übergang dauerhafte Vorteile für dich birgt.

666 Verstärke die Schwingung
Wenn du diese Zahl oder ihre Eigenschaften wahrnimmst, überdenke deine Einstellung zu materiellen Dingen. Entwickle eine Sichtweise der Fülle statt des Mangels und bitte deine spirituellen Ratgeber um Hilfe.

777 Erwachen
Du hörst zu und entwickelst dich spirituell weiter. Die Dinge, die du bis jetzt gelernt hast, helfen dir dabei, andere besser unterstützen zu können.

888 Spirituelles Gesetz
Wenn du Karma kennst, wirst du bald finanziellen Segen wahrnehmen. Du wirst unterstützt und geleitet, denn diese Zahl kündigt oft ein Ende an. Alles ist gut.

999 Endende Zyklen
Damit sich dein Leben auch weiterhin entfalten kann, müssen Veränderungen passieren und Dinge enden. Vertraue jetzt deinem Herzen und fange mit dem an, was du in deinem Leben wirklich tun willst.

1000 Verstärker
Zahlen, die eine Null enthalten, sind stark aufgeladen, und ihre Eigenschaften werden verstärkt. Die Null ist als Kraftzahl bekannt, als Freiraum für potenzielles Wachstum und Wahlmöglichkeiten. Dies ist der Beginn einer spirituellen Reise mit der Energie der Ganzheit.

Mondphasengirlande

Dies ist eines meiner Lieblingsdinge in Sachen Hexendeko. Vor ein paar Jahren habe ich Hunderte solcher Papiergirlanden in verschiedenen Farben hergestellt, um sie zu verkaufen, aber sie eignen sich auch hervorragend als Geschenke. Der Mondzyklus hat acht Hauptphasen, die hier vorgestellt werden, um den gesamten Mondzyklus zu veranschaulichen.

Eine solche Girlande ist ein wunderschönes Wohnaccessoire, das dich an deine Verbindung mit dem Mond erinnert.

Einige Fans der Magie verehren auch den dunklen Mond während einer kurzen Zeitspanne zwischen dem letzten Licht des abnehmenden Mondes und dem Neumond. Die Phasen des abnehmenden Mondes kommen nach dem Vollmond und umfassen auch den balsamischen Mond.

Der zunehmende Mond ist typischerweise eine Zeit der Anziehung und der Dynamik, denn jetzt gewinnt der Mond täglich an Leuchtkraft.

Der abnehmende Mond ist dagegen eine Zeit des Abgebens und des Loslassens, während der Mond seine Leuchtkraft verliert.

Sobald du eine solche Schönheit einmal aufgehängt hast, wirst du nicht glauben, wie bezaubernd sie dein Heim aussehen lässt.

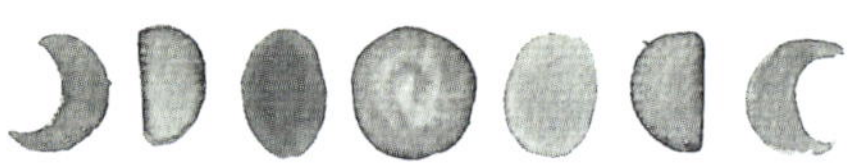

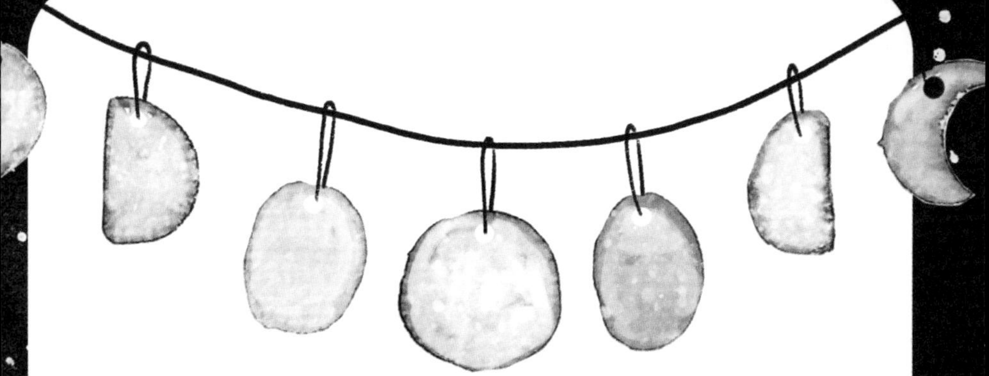

Neumond

Zunehmender Sichelmond

Erstes Viertel

Zunehmender Dreiviertelmond

Vollmond

Verbreitender Mond

Drittes Viertel

Balsamischer Mond

WAS DU BRAUCHST:

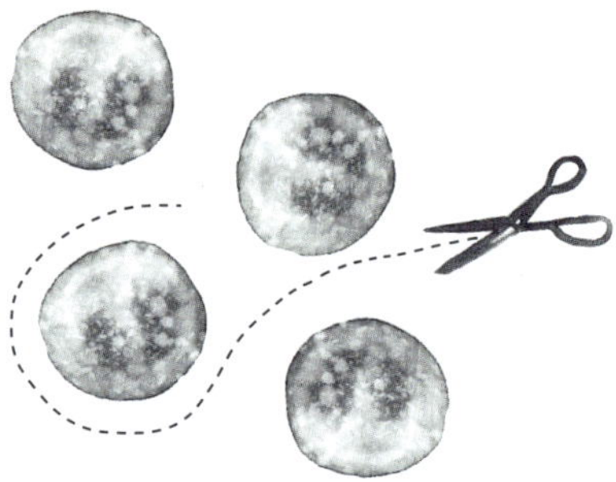

- Dickes Bastelpapier, das sich auf beiden Seiten mit Acrylfarbe bemalen lässt
- Acrylfarben in Metalltönen
- Palette zum Mischen
- Pinsel
- Alte Zahnbürste
- Kreisschneider, so groß wie möglich – oder du schneidest einen Kreis aus Pappe aus und verwendest ihn als Schablone
- Nähmaschine, Nähzeug oder Garn mit einem Locher

VORGEHEN:

Als ich meine Girlanden gebastelt habe, habe ich ein Stück dickes Bastelpapier auf beiden Seiten bemalt und die Farbe trocknen lassen, bevor der Kreisschneider zum Einsatz kam.

1

Gib zunächst einen großzügigen Klecks Acrylfarbe auf die Palette. Ich habe damals eine Vielzahl von Farben für verschiedene Mondgirlanden benutzt. Du kannst aber auch für jede Mondphase eine andere Farbe verwenden. Tauche nun ein gefaltetes, 2 cm langes Stück Pappe in die Farbe ein und verteile sie gleichmäßig auf dem Papier. Ich habe Pappe anstelle eines Pinsels benutzt, weil ich auf diese Weise große Flächen bemalen konnte und mir dieses Vorgehen ein Gefühl für die Textur vermittelte. Du darfst aber auch gern einen Pinsel verwenden. Während die Farbe trocknet, kannst du weiße Farbe von den Borsten der Zahnbürste auf das Papier schnipsen, um einen Sternenhimmel zu erzeugen.

2

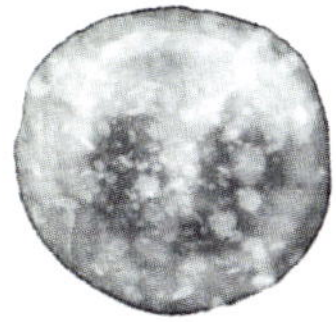

Schneide für jede Girlande vier Kreise aus dem bemalten Papier aus. So entstehen sieben Mondphasen (siehe Abbildung auf Seite 67 – der Neumond ist in dieser Girlande nicht dargestellt).

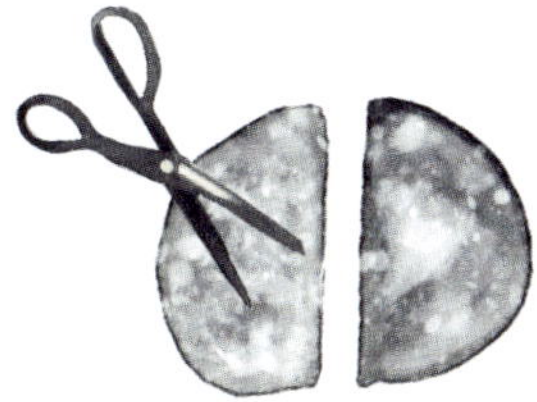

1 KREIS FÜR DEN VOLLMOND

2 KREISHÄLFTEN FÜR DIE BEIDEN HALBMONDE

2 KREISE FÜR DIE BEIDEN SICHELMONDE SOWIE RESTE VON BEMALTEM PAPIER KÖNNEN DEN ABNEHMENDEN UND ZUNEHMENDEN DREIVIERTELMOND BILDEN.

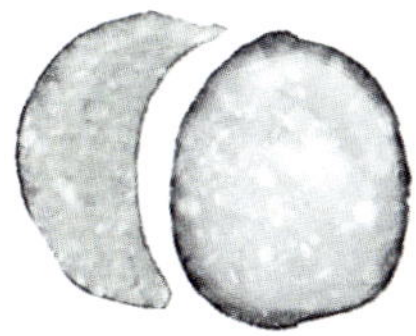

3

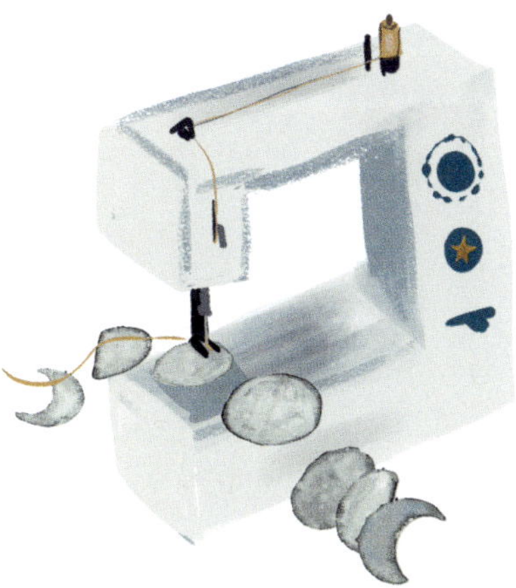

Lege jetzt die Kreise nacheinander jeweils in der Mitte unter die Nadel der Nähmaschine, sodass eine Kette entsteht. Alternativ kannst du auch per Hand durch die Mitte der Kreise nähen oder Löcher in die gegenüberliegenden Seiten einer jeden Mondphase stanzen und dann einen Faden hindurchziehen. Dies funktioniert am besten, wenn du größere Mondformen verwendest.

Wenn du andere Designs ausprobieren möchtest, kannst du für eine Wolfsmondgirlande mit verschiedenen Farben und Texturen experimentieren.

HARMONIE

✶ KAPITEL 3 ✶

Harmonie bedeutet für mich, dass viele Dinge ohne Zwang zusammenwirken. Der Flow, in dem ich mich befinde, wenn ich ein Bild male oder meinen Garten pflege, kommt diesem Zustand sehr nahe. Alle Tätigkeiten erscheinen dann mühelos und reihen sich zwanglos aneinander. Doch auch ein harmonisches Zuhause spiegelt wider, wie man sich fühlt.

Ein harmonisches Zuhause ist die Grundlage dafür, dass sich dein Lebensumfeld in einen Ort der Magie und Kreativität verwandeln kann. Die Natur ist von erlesener Harmonie, und wenn du deine Bastelarbeiten, deine Möbel, Pflanzen, Kerzen und Kristalle aufeinander abstimmst, kannst du eine wahrhaft schöne Atmosphäre erschaffen.

Wir alle kennen Tage, an denen es zu Hause unordentlich ist, so ist das Leben. Der Schlüssel zu einem reibungslosen Ablauf sind angenehme Rituale, die dir helfen, den Haushalt zu bewältigen und regelmäßig positive Energie zu tanken. Beständigkeit ist wichtig. Und wenn du das Gefühl hast, nicht gut organisiert zu sein, gibt es in deinem Heim wahrscheinlich Orte und Räume, die mehr Aufmerksamkeit brauchen.

Der Neumond ist eine gute Gelegenheit, Dinge auszusortieren, die nicht mehr benötigt werden. Auf diese Weise lädst du frische, neue Energien in dein Zuhause ein und schaffst zusätzlichen Platz für kreativen Zauber.

Haussegnung

Dein Heim oder das eines anderen zu segnen, muss keine förmliche Angelegenheit sein. Es ist einfach gut, etwas spirituelle Hygiene zu betreiben, wenn du dein Zuhause betrittst. Streif deine Schuhsohlen ab und zieh deine Schuhe aus.

Eine Haussegnung zeigt, dass du dankbar bist und bereits in einem Zustand der Fülle lebst. Dein Heim kennt deine Energie.

WAS DU BRAUCHST:

- Dich selbst! Und zwar in einer ruhigen, heiteren Stimmung und mit klarem Kopf
- Reinigungsstrauß (siehe Magische Reinigungssträuße auf Seite 34)
- Deinen Lieblingskristall
- Einen hellen, sauberen Sitzplatz auf dem Boden

VORGEHEN:

Zieh zunächst deine Schuhe aus und setz dich dann so hin, dass die Hände den Boden berühren.

Konzentriere dich darauf, Glück und Dankbarbarkeit gegenüber deinem Heim zu empfinden. Konzentriere dich darauf, an einem Ort zu sein, an dem du dich sicher und geliebt fühlst. Visualisiere in Gedanken, wie du dein Zuhause siehst oder wie du es gern sehen würdest.

Indem du dein Heim vor der Segnung reinigst, zeigst du Respekt. Doch auch wenn zu Hause gerade nicht alles rund läuft, ist der Zeitpunkt für eine Segnung perfekt.

Brenne deinen Reinigungsstrauß vorsichtig ab.

Geh dabei in kreisförmigen Bewegungen im Uhrzeigersinn vor. Leg den Strauß in eine hitzebeständige Schale und sprich nun den Segen. Knie dich dazu hin und leg beide Hände vor dich auf den Boden. Schließe die Augen und sprich die folgenden Worte.

Stell dir vor, wie ein wunderschönes goldenes Licht von dir ausgeht wie eine Welle in einem See. Die Welle erreicht alle Ecken und Winkel deines Heimes. Lenke deine Gedanken nun auf Schutz und Stabilität und stell dir dabei vor, wie das goldene Licht weit über dein Zuhause hinaus in die Häuser deiner Nachbarn und weiter ins Dorf, in die Stadt und ins Land hineinstrahlt.

Spüre, wie alle Bereiche deines Heimes bereits jetzt von Harmonie erfüllt sind. Nimm deine Umgebung als einen Ort wahr, an dem du dich sicher und geborgen fühlst und der es dir ermöglicht, du selbst zu sein.

„Hallo, mein liebes Heim,
ich liebe und schätze dich.

Möge dieser Ort mit Harmonie
und Überfluss gesegnet sein.

Ich danke dir für deinen Schutz
und bin dankbar für diesen Ort."

Hexenkräuter-wandschmuck

Kein Hexenhaus ist komplett ohne einen einfachen, aber praktischen Kräuterwandschmuck. Er wird den Raum sofort beleben. Die Pflanzen reinigen die Umgebung und sorgen für eine wunderbare Hexenästhetik, durch die dein Zuhause inspirierend wirkt und sich auch so anfühlt.

Ich mache diese Art Schmuck schon seit Jahren, und er lässt sich überraschend leicht herstellen. Du kannst ihn an jedem geeigneten Ort aufhängen. Such dir eine freie Wand, häng einen Ast an einen Bilderhaken, und schon hast du einen Platz zum Aufhängen und Trocknen deiner Hexenkräuter.

WAS DU BRAUCHST:

- Ein dekoratives Stück Holz, das du idealerweise bei einem Spaziergang in der Natur oder in deinem Garten gefunden hast. Wenn du nicht das finden kannst, wonach du suchst, ist ein Bambusrohr eine gute Alternative.
- Baumwollzwirn/Gartenschnur
- Eine Wandschraube, einen Nagel oder Bilderhaken
- Kräuter: Ich empfehle heimische Kräuter, die ihre Form behalten, wie etwa Lavendel, Salbei, Lorbeer, Currykraut, Schafgarbe und Rosmarin
- Schnur oder Gummiband für die Kräuter
- Schere

VORGEHEN:

1 Befestige die Schnur sicher an beiden Astenden und achte darauf, dass der Ast mit genügend Schnur an der Schraube oder dem Haken hängen kann.

2 Wähle zum Zusammenbinden kleine Kräuterbüschel aus. Ein Gummiband ist hilfreich, weil es sich zusammenzieht, wenn die Kräuter austrocknen. Eine Schnur musst du später straffen.

3 Häng deine Kräuter in Büscheln von verschiedener Länge auf und achte darauf, dass die Büschel einander nicht berühren. Lass die Kräuter ein paar Wochen trocknen.

4 Eine sehr gute Möglichkeit, deinem Wandbehang mehr Zauber zu verleihen, besteht darin, den Ast mit Laub zu umwickeln. Ich verwende hierfür Eukalyptusblätter, aber du kannst auch Lorbeer, Tanne, Stechpalme oder Efeu nehmen – Blätter und Zweige von diesen Pflanzen findest du ganz einfach in deinem Garten oder auf Spaziergängen.

5 Füge ein wenig alte Spitze oder ein paar Bänder hinzu, um das Ganze noch schöner zu machen.

Geführte Meditation

Dies ist die Zeit, in der du mit deinem höheren Selbst, mit dem Universum und mit allem um dich herum in Verbindung trittst. Suche dir einen ruhigen Ort, mach es dir bequem und schließe deine Augen.

Stell dir bei jedem Einatmen vor, wie Licht, Weisheit und Mitgefühl in dich hineinströmen, und bei jedem Ausatmen stell dir vor, wie du alle Sorgen, allen Stress und alle Bedenken loslässt.

Mach dir die Stille bewusst, während du das Licht zu dir einlädst und den Druck loslässt, den du dir selbst machst. Lade nun die liebevolle Energie von Hestia zu dir ein, der Hüterin des Feuers, der Göttin von Heim und Herd.

Werde ganz ruhig und verbinde dich mit der Stille in dir. Das Summen des Universums ist so tröstlich wie der Schlag eines glücklichen Herzens. Der Kosmos dehnt sich aus, und du siehst Millionen von Sterne, die von noch mehr Sternen umgeben sind. Während dein Atem dich immer tiefer in dein Unterbewusstsein hinabführt, siehst du in der Ferne ein winziges Licht.

Konzentrier dich auf dieses Licht.

Es kommt näher, und du bemerkst, dass es von der großen Göttin von Heim und Herd gehalten wird – von Hestia.

Sie reicht dir die Flamme der Liebe und des Schutzes.
Du nimmst sie behutsam an und legst sie in dein Herz.
Du hegst und pflegst diese Flamme in deinem Inneren, dein Herz erstrahlt in einem warmen, liebevollen Licht, das alle Fasern deines Wesens durchdringt und deinen Geist belebt.

Du spürst, wie die Liebe durch dich hindurchfließt. Atme ein.

Nun wirst du von der ewigen Liebe der Quellenenergie ergriffen. Das tapfer glimmende Feuer in dir brennt das Gift engstirniger Vorstellungen weg und wird stattdessen zu dem Brennstoff, den du brauchst, um deine eigene Flamme am Leben zu halten.

Wiederhole folgende Affirmationen, während du an deinem eigenen Feuer oder bei deiner eigenen brennenden Kerze sitzt.

Ich bin ein göttlicher Funke voller kreativer Energie.
Ich bin neugierig und nutze dies, um meine Vorstellungskraft zu steigern.
Ich lasse mich von sehr vielen Orten inspirieren.
Ich lasse mich nicht durch das begrenzen, was ich erfinden oder erschaffen kann.
Ich gebe mir jetzt die Erlaubnis, mit Ideen zu experimentieren, die ich schon lange in mir habe.
Wenn ich mich meiner kreativen Seite zuwende, nähre ich mein Selbst.
Ich bin ein kreatives Wesen.
Wenn ich mein Heim mit liebevoller Energie erfülle, wird es zu einem positiven Ort für meine Kreativität.
Mein Zuhause ist sicher und stark. Ich bin so dankbar für mein Zuhause.

Vollmondkuchen

Es ist eine wunderschöne Sache, an einem Vollmondtag einen Kuchen zu backen. Um ihn noch besser auf die jeweilige Jahreszeit abzustimmen, wähle ein Rezept mit Früchten aus deiner Region oder – noch besser – mit Früchten, die du selbst angebaut hast. Backe deinen Kuchen an einem Vollmondtag, um die meiste Magie anzulocken.

- Räume alle Oberflächen frei und bereite die Backutensilien vor.
- Leg deine Lieblingsmusik auf.
- Nimm dir vor, einen wunderbaren Kuchen zu backen. Ich bin keine große Bäckerin, aber ich nehme mir immer vor, eine zu sein und einen leckeren Kuchen zu backen, der meiner Familie schmecken wird.
- Eine Freundin hat mich vor ein paar Jahren auf die Idee gebracht, mit essbarer Tinte eine Affirmation oder ein wirkmächtiges Wort auf ein Stück essbares Reispapier zu schreiben und dieses vor dem Backen der Kuchenmischung hinzuzufügen.
- Nimm dir Zeit und erfreue dich an der Tätigkeit.
- Garniere deinen Vollmondkuchen mit essbaren Blumen oder verwandle deinen Tisch in einen Altar und stell den Kuchen in die Mitte.
- Bevor du dir den Kuchen schmecken lässt, solltest du ihn segnen. Ich segne meine Kuchen immer mit Überfülle – so, als würde ich jedes einzelne Stück mit Liebe und Glück aufladen.

Du kannst auch eine Vollmondkuchenparty mit deinen Liebsten veranstalten oder die Themen deiner Kuchen variieren. Zur Tagundnachtgleiche glasiere ich die eine Hälfte des Kuchens mit Schokolade, um die Dunkelheit darzustellen, und die andere Hälfte mit Zuckerguss, um die Sonne darzustellen.

Kieselsteinmalerei

Ich erinnere mich noch lebhaft daran, wie ich als Kind Steine gesammelt habe. Ich wollte sie alle haben. Besonders mochte ich flache, glatte Steine. Später als Teenager saß ich in den Sommerferien immer draußen und habe Steine bemalt, die ich auf Spaziergängen als Geschenke für meine Familie gesammelt hatte.

Du kannst diese Kieselsteinmalerei aber auch auf einer magischen Ebene betreiben.

WAS DU BRAUCHST:

- Glatte, flache Kieselsteine
- Acrylfarbe
- Acrylstifte
- Acryllack
- Pinsel

Hier einige Ideen für die Gestaltung einer großen Auswahl an wunderschönen Kieselsteinen.

Male oder zeichne wirkmächtige Worte – auch bekannt als Affirmationsworte – auf die Steine. Das Schreiben eines »mächtigen« Wortes hilft dabei, es zu verstärken. Der Vorgang des Malens auf einer natürlichen Oberfläche wie etwa einem Stein wirkt fesselnd und beruhigend zugleich.

Male Krafttiere aus deinen Träumen.

Entwirf magische Sigillen in Gold und Silber.

Gestalte Steine, auf denen Göttinnen dargestellt sind, und lege sie auf deinen Altar.

Gestalte Steine zu den verschiedenen Jahreszeiten, zum Beispiel mit den Namen aller heidnischen Sabbate.*

*DIE HEIDNISCHEN SABBATE FOLGEN DER SONNE UND DEN JAHRESZEITEN UND SIND WICHTIGE FESTE ZWISCHEN DEM LÄNGSTEN UND DEM KÜRZESTEN TAG DES JAHRES (MITTSOMMER UND JULFEST). BEI DIESEN FESTEN GEHT ES DARUM, DIE KRAFT VON FRÜHLING, SOMMER, HERBST UND WINTER ZU NUTZEN, UM UNS UNSERE VERBINDUNG MIT DER NATUR UND MITEINANDER BEWUSSTER ZU MACHEN UND ZU VERTIEFEN.

Anhänger aus klingender Zeder

Im Jahr 2012 machte ich mit meiner Familie eine Reise nach Südfrankreich. Wir hatten vor, uns einer ökologisch lebenden Gemeinschaft anzuschließen und ein Erdhaus zu bauen. Daraus wurde zwar nichts, aber mir fiel ein Buch mit dem Titel »Die klingenden Zedern Russlands« in die Hände. Einen Anhänger aus Zedernholz trägt man um den Hals, und man soll so oft wie möglich mit einem Finger darüber reiben, um dessen natürliche Öle auf das Holz zu übertragen. Auf diese Weise wird der Anhänger von deinem ganz individuellen Fingerabdruck, deinen Ölen und deiner Energie durchdrungen.

Wenn du einen solchen natürlichen Gegenstand trägst, fühlst du dich entspannter und weniger ängstlich. Mit der Zeit dunkelt der Anhänger durch deine Öle auf ganz natürliche Weise nach und duftet auch stärker.

Meinen ersten Anhänger habe ich aus einem Stück Holz von einer Zedernkiefer gemacht, die auf dem Grundstück stand, auf dem ich lebte. Ich habe ihn heute noch. Je öfter man den Anhänger trägt und berührt, desto dunkler wird das Holz.

Mach dir keine Sorgen, wenn du kein Zedernholz hast – heruntergefallene Äste von heimischen Bäumen tun's auch.

Hier eine Liste von Holzarten, die für die Herstellung von Anhängern geeignet sind:

Olive

Apfelbaum

Kirsche

Esche

Weißdorn

Eiche

WAS DU BRAUCHST:

- Abgefallener, getrockneter Ast, etwa 2 cm im Durchmesser
- Klemmvorrichtung
- Eine kleine Handsäge
- Grobes Schleifpapier zum Schleifen
- Feines Schleifpapier für den Feinschliff und zum Polieren
- Ungiftiges und natürliches Holzöl wie etwa Oliven- oder Leinsamenöl
- Einige Tropfen ätherisches Zedernöl (oder ein anderer Duft, der dir zusagt)
- Altes Flanell- oder Baumwolltuch
- Kleiner Handbohrer
- Silberkette, Lederband oder Schnur aus natürlichem Material

VORGEHEN:

1

Wähle einen möglichst geraden Ast, um ihn in so viele Scheiben wie möglich schneiden zu können.

2

Fixiere den Ast und säge ihn in etwa 5 mm dicke Scheiben.

3

Schleife Vorder- und Rückseiten der Scheiben mit grobem Schleifpapier ab. Erfreu dich am Prozess des Abschleifens. Greife nun zu feinem oder mittelstarkem Schleifpapier und mach kreisende Bewegungen, um das Holz zu glätten und zu polieren.

4

Zum Schluss öle das Holz ein. Tauche ein altes Baumwoll- oder Flanelltuch, in Leinsamenöl, Olivenöl oder ein anderes natürliches Holzöl und verteile es sanft auf dem Anhänger. Ich empfehle mehrmaliges Auftragen, aber lass das Holz dazwischen immer vollständig trocknen. Trag zwischendurch einige Tropfen ätherisches Öl auf.

5

Du hast nun mehrere Möglichkeiten, deinen Anhänger herzustellen. Du kannst entweder senkrecht ein Loch durch die Holzscheibe bohren oder waagerecht von vorne nach hinten. Eine weitere Möglichkeit wäre, eine Schmucköse einzuschrauben, an der du dann eine Kette befestigst.

ZUM AUSMALEN

SCHREIB EIN MÄCHTIGES WORT AUF DEN KORB

»ICH BIN EIN KIND DES MONDES, AUFGEZOGEN VON DER SONNE IN EINER VON STERNEN UMGEBENEN WELT UND EINEM MIT BLUMEN GEMALTEN HIMMEL.«

– Zara Ventris

Schnapper falten

Als ich meiner besten Freundin von diesem Buch erzählte, schlug sie sofort ein Spiel für das »innere Kind« vor, nämlich den »Schnapper«, auch bekannt als »Himmel und Hölle«. Ich erinnere mich noch gut daran, wie ich als Kind oft diese Papierformen gebastelt habe. Ich habe sie dazu benutzt, um meinen Freund:innen Fragen zu stellen, um dann gemeinsam die Antworten herauszufinden. Das Basteln mit Papier hat einen schlichten und nostalgischen Zauber.

Ein »Schnapper« ist nur ein quadratisches Stück Papier, das gefaltet und mit den Fingern bewegt wird. Beim Spiel geht es darum, die Mitspielenden zu bitten, aus verschiedenen Möglichkeiten auszuwählen, die auf dem Papier zu sehen sind. Dabei kann eine lustige Aufgabe oder eine Vorhersage herauskommen.

Es gibt so viele mögliche Spielvarianten – wie zum Beispiel diese hier:

Wer ist dein Verbündeter im Tierreich?

Was ist deine Schicksalszahl,
die Einfluss auf deinen Lebensweg hat?

Eine Nachricht vom Universum.

2
3
1
4
8
5
7
6

WAS DU BRAUCHST:

- Ein viereckiges Blatt Papier
- Stift und mehrere Buntstifte

VORGEHEN:

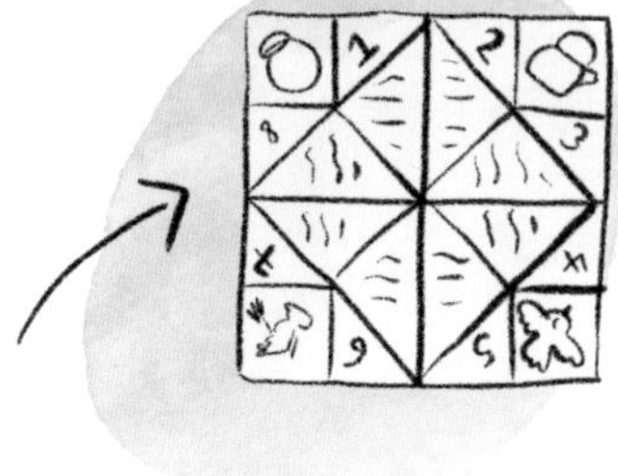

1

Zeichne entsprechend der Abbildung auf Seite 89 vier unterschiedliche Motive in die Ecken auf der Vorderseite des Quadrats. Füge dann die acht Ziffern in die Dreiecke ein. Schreibe zum Schluss in jedes der acht mittleren Dreiecke eine Nachricht – das kann ein Gedanke zum Tag oder eine Botschaft zur Unterstützung sein.

2

Dreh das Blatt um und falte alle vier Ecken nach innen, sodass sie sich in der Mitte treffen. Alle Scheitelpunkte sollten sich berühren, aber nicht vollständig.

3

Dreh das Blatt nochmals um und wiederhole Schritt 2.

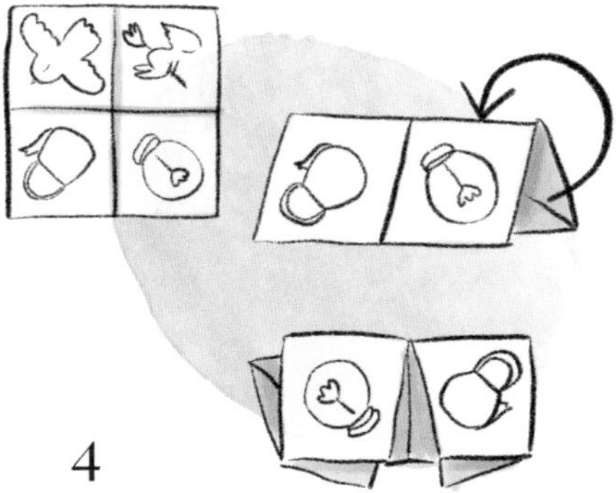

4

Knicke das Blatt und falte es in der Mitte in beide Richtungen.

5

Steck Daumen und Zeigefinger beider Hände von unten in die Ecken rechts und links.

6

Du musst anfangs vielleicht ein wenig üben, damit sich das Papier wie ein kleiner Schnabel in beide Richtungen öffnet und schließt.

UND SO GEHT DAS SPIEL:

1. WÄHLE EINES DER BILDER AUS, DIE AUßEN ZU SEHEN SIND, UND ÖFFNE UND SCHLIEßE DEN SCHNAPPER, WÄHREND DU DAS ENTSPRECHENDE WORT BUCHSTABIERST. WÄHLST DU ZUM BEISPIEL EINE EULE, SO ÖFFNEST UND SCHLIEßT DU DEN SCHNAPPER VIERMAL.

2. WÄHLE EINE ZAHL AUS EINEM DER DREIECKE AUS UND ÖFFNE UND SCHLIEßE DEN SCHNAPPER ENTSPRECHEND VIELE MALE.

3. WÄHLE EINE ZWEITE ZAHL AUS, ABER DIESMAL ÖFFNEST DU SOFORT DIE DAZUGEHÖRIGE LASCHE. DARUNTER STEHT DIE FÜR DICH BESTIMMTE NACHRICHT.

TAG

* KAPITEL 4 *

Deine morgendliche Energie kann entscheidend dazu beitragen, wie sich der restliche Tag für dich entwickelt. Der Morgen birgt Möglichkeiten für alles Kommende. Entwickle Rituale für deinen Tagesablauf, um die positive Energie zu steigern, und mach vielleicht einmal etwas Ungewöhnliches in deiner Freizeit oder wenn deine Arbeit und deine Verpflichtungen dir den Raum dafür lassen.

Jeder Tag der Woche hat seine ganz eigene Energie, und vielleicht möchtest du diese ja nutzen, um einen besonderen, magischen Tag zu planen, der etwas langsamer abläuft als sonst und den du deshalb bewusster erlebst.

Tagsüber kannst du die Energie der Sonne nutzen, und zwar vor allem in deinem Heim und im Garten. Dies ist die Zeit, in der die Hexe ihr Haus reinigt, es mit ihrem Besen ausfegt und frische, neue Energien in ihr Lebensumfeld einlässt.

Magische Morgenrituale

Eine Entscheidung darüber zu treffen, wie du deinen Tag beginnen möchtest, kann von großer Wirkung sein. Der heutige Tag ist ein Neuanfang, ein unbeschriebenes Blatt. Er bietet dir die Gelegenheit, nicht über das Gestern nachzudenken, sondern dir ein Ziel zu setzen für den Tag, der vor dir liegt. Das Haus einer Hexe ist ein Zufluchtsort der Ruhe und des inspirierten Handelns – wie also möchtest du deinen magischen Morgen gestalten?

Auf der gegenüberliegenden Seite mache ich dir einige Vorschläge, die sich an dem orientieren, was ich so tue, aber du kannst natürlich auch deine eigenen Gewohnheiten entwickeln.

1

Eine morgendliche Dehnübung stärkt deinen Körper und erweckt ihn auf sanfte Weise zum Leben.

2

Warmes Wasser und Zitrone sind gut für die Verdauung und versorgen dich nach dem Schlafen mit ausreichend Flüssigkeit.

3

Fünf Minuten lang in ein Tagebuch zu schreiben, kann dir dabei helfen, alles loszulassen, was du noch vom Vortag mit dir herumschleppst. Du kannst ein starkes Ziel für den kommenden Tag formulieren, oder du notierst einfach drei Dinge, für die du dankbar bist und die die Ziele verstärken, auf die du gerade hinarbeitest.

4

Ein aufgeräumter Raum ist ein kreativerer Raum. Wenn du dein Zuhause regelmäßig reinigst, frischt das die Energien auf und sorgt für eine harmonischere Umgebung.

Zaubersprüche für alle Wochentage

Jeder Tag der Woche wird von einem anderen Himmelskörper beherrscht und ist mit zahlreichen Kräutern, Bäumen, Sternzeichen, Farben und Symbolen energetisch verbunden.

Du kannst dir die einzigartige Energie eines jeden Wochentages zunutze machen, um Rituale zu entwickeln oder Zaubersprüche zu kreieren. Ich bezeichne diese täglichen Zaubersprüche gern als eine Dosis praktischer Magie, die man nach Belieben nutzen kann, wenn man den Funken der Inspiration in sich verspürt oder sich auf etwas Bestimmtes konzentrieren möchte.

WAS DU BRAUCHST:

- Kerzen in verschiedenen Farben (etwa Geburtstagskerzen). Die Farben sollten zu den Wochentagen passen. Beachte: Wenn der Zauber erfordert, dass du wartest, bis die Kerze vollständig heruntergebrannt ist, sich dies aber nicht machen lässt, dann zünde die Kerze an und sieh ihr drei Minuten beim Brennen zu – das wird den Zauber verstärken.
- Salz
- Dein bevorzugtes ätherisches Öl oder eines, das zum Wochentag passt
- Duftlampe für Wasser und ätherische Öle. Gib ein paar Tropfen ätherisches Öl in das Wasser der Duftlampe. Zünde dann ein Teelicht an, um das Wasser sanft zu erwärmen und die Aromen freizusetzen.
- Kleine Vierecke aus Zeichenpapier oder normalem Papier
- Tintenstifte in verschiedenen Farben
- Einen passenden Kristall oder Bergkristall
- Einen Spiegel

SONNTAG

Der Sonntag wird von der Sonne beherrscht und eignet sich großartig für Zaubersprüche, die darauf abzielen, dein Leben mit Reichtum, Glück, Gesundheit oder Kreativität zu erfüllen.

FARBEN:
Gold oder Gelb

KRISTALLE:
Bernstein, Karneol, Topas

RÄUCHERWERK UND ÖLE:
Zimt, Rosmarin, Weihrauch

Stell eine gelbe oder goldene Kerze auf einen goldfarbenen Teller. Streu zu ihrem Schutz einen Kreis aus Salz um sie herum. Falls du gelbe Blumen hast, dann leg sie auf den Tellerrand. Entzünde die Duftlampe und gib einige Tropfen ätherisches Öl ins Wasser. Zünde die Kerze an und konzentriere dich darauf, wie sich beispielsweise Fülle in deinem Leben anfühlt. Atme dabei zwanzig Mal ein und aus.

Halte inne und bleib einen Moment lang ruhig sitzen. Schreib nun mit gelber oder goldener Tinte auf ein quadratisches Blatt Papier, wovon du in deinem Leben mehr haben möchtest.

Wenn du nicht weißt, was du schreiben sollst, lass dich von einem Scheibensymbol oder einer Sigille inspirieren. Falte das Papier dreimal, um den Zauber zu verstärken, und lege deinen Kristall auf das Papier. Warte drei Minuten, während die Kerze brennt, reinige dann den Raum und räume ihn auf.

Wiederhole dreimal laut oder in Gedanken: *»Mögen an diesem gesegneten Tag Fülle, Gesundheit und Glück ihre Wirkung entfalten.«*

Montag

Der Montag wird vom Mond beherrscht und ist ein guter Tag, um sich auf die Traumarbeit zu konzentrieren, d. h. auf die Fähigkeit, deine Fantasie während des Schlafs und der Meditation zu nutzen. Darüber hinaus wird der Mond mit dem Unterbewusstsein, mit dem Gefühlsleben und mit Fruchtbarkeit assoziiert.

FARBEN:
Flieder, Silber, Weiß

KRISTALLE:
Mondstein, Selenit, Perlen

RÄUCHERWERK UND ÖLE:
Jasmin, Sandelholz, Mondraute, Sternanis, Myrrhenharz

Stell eine weiße Kerze auf einen Teller. Streu einen Kreis aus Salz um sie herum. Falls du zufällig Mondwasser hast (siehe Seite 130), verteile ein paar Tropfen davon rund um die Kerze und auf dem Papier. Sonst verwende Salz. Entzünde die Duftlampe und gib einige Tropfen ätherisches Öl ins Wasser. Zünde die Kerze vor einem Spiegel an und konzentriere dich mehr auf das, was du fühlst, als auf das, was du siehst.

Atme zwanzig Mal ein und aus. Halte inne und bleib einen Moment lang ruhig sitzen. Schreib nun auf ein quadratisches Blatt Papier, was du dir von der Energie des Mondes erhoffst.

Lass dich von einem Kesselsymbol oder einer Sigille inspirieren. Falte das Papier dreimal und lege deinen Kristall auf das Papier. Die beste Zeit, um diesen Zauber durchzuführen, ist die Zeit des Vollmonds oder des abnehmenden Mondes. Warte, bis die Kerze vollständig heruntergebrannt ist, reinige dann den Raum und räume ihn auf.

Wiederhole dreimal laut oder in Gedanken: *»Mögen an diesem gesegneten Tag Intuition und Fantasie ihre Wirkung entfalten.«*

Dienstag

Der Dienstag wird von Mars beherrscht und ist ein guter Tag, um Erfolg anzuziehen, ein bestimmtes Ziel zu erreichen oder ein wenig zusätzliche Motivation zu bekommen.

FARBEN:
Rot oder Orange

KRISTALLE:
Blutstein, Granat, Karneol

RÄUCHERWERK UND ÖLE: *Sandelholz, Zimt, Weihrauch*

Stell eine rote Kerze auf einen Teller. Streu einen Kreis aus Salz um sie herum. Entzünde die Duftlampe und gib einige Tropfen ätherisches Öl ins Wasser. Zünde die Kerze an und konzentriere dich auf das, was du herbeilocken möchtest.

Atme zwanzig Mal ein und aus. Halte inne und bleib einen Moment lang ruhig sitzen. Notiere nun auf einem quadratischen Blatt Papier den Bereich deines Lebens, in dem du einen Funken Motivation oder ein wenig Erfolg benötigst. Wenn du nicht weißt, was du schreiben sollst, lass dich von einem Pfeilsymbol (steht für die Tat) oder einer Sigille inspirieren.

Falte das Papier dreimal, um den Zauber zu verstärken, und lege deinen Kristall auf das Papier. Die beste Zeit, um diesen Zauber durchzuführen, ist die Zeit des Vollmonds oder des zunehmenden Mondes.

Warte, bis die Kerze vollständig heruntergebrannt ist, reinige dann den Raum und räume ihn auf. Wiederhole dreimal laut oder in Gedanken: *»Mögen an diesem gesegneten Tag Erfolg und Motivation ihre Wirkung entfalten.«*

Mittwoch

Der Mittwoch wird vom Merkur beherrscht, er ist also ein guter Tag für Zaubersprüche, in denen es um Wahrsagerei, Kommunikation, Wissen und Geschäfte geht.

FARBE:
Gelb

KRISTALLE:
Gelber Jaspis, Quarz, Opal

RÄUCHERWERK UND ÖLE:
Sternanis, Lavendel, Lakritz

Stell eine gelbe Kerze auf einen Teller. Streu zu ihrem Schutz einen Kreis aus Salz um sie herum. Entzünde die Duftlampe und gib einige Tropfen ätherisches Öl ins Wasser.

Zünde die Kerze an und atme zwanzig Mal ein und aus. Halte inne und bleib einen Moment lang ruhig sitzen. Schreib nun auf ein quadratisches Blatt Papier, was du lösen, heilen oder herbeilocken willst.

Wenn du nicht weißt, was du schreiben sollst, lass dich von einem Stabsymbol (steht für Konzentration) oder einer Sigille inspirieren. Falte das Papier dreimal, um den Zauber zu verstärken, und lege deinen Kristall auf das Papier. Lass das Papier mindestens 24 Stunden lang so liegen. Der beste Zeitpunkt für diesen Zauber ist unmittelbar vor einem Vorstellungsgespräch oder einem Ereignis, das deine volle Konzentration erfordert.

Warte, bis die Kerze vollständig heruntergebrannt ist, reinige dann den Raum und räume ihn auf. Wiederhole dreimal laut oder in Gedanken: *»Mögen an diesem gesegneten Tag Klarheit und Konzentration ihre Wirkung entfalten.«*

Donnerstag

Der Donnerstag wird vom Jupiter beherrscht und ist von daher ideal für Zaubersprüche, in denen es um Erfolg, Karriere, Familie, spirituelles Wachstum und Entfaltung geht.

FARBEN:
Violett oder Dunkelblau

KRISTALLE:
Lapislazuli, Blautopas, Saphir

RÄUCHERWERK UND ÖLE:
Zedernholz, Kiefer, Mandel

Stell eine blaue Kerze auf einen Teller. Streu zu ihrem Schutz einen Kreis aus Salz um sie herum. Entzünde die Duftlampe und gib einige Tropfen ätherisches Öl ins Wasser.

Zünde die Kerze an und atme zwanzig Mal ein und aus. Halte inne und bleib einen Moment lang ruhig sitzen. Notiere nun auf einem quadratischen Blatt Papier, was du wachsen lassen, verstärken oder erweitern willst.

Wenn du nicht weißt, was du schreiben sollst, lass dich von einem Trommelsymbol (steht für deinen ganz eigenen Rhythmus) oder einer Sigille inspirieren. Falte das Papier dreimal, um den Zauber zu verstärken, und lege deinen Kristall auf das Papier. Warte, bis die Kerze vollständig heruntergebrannt ist, reinige dann den Raum und räume ihn auf. Die beste Zeit, um diesen Zauber durchzuführen, ist die des zunehmenden Mondes.

Wiederhole dreimal laut oder in Gedanken: *»Mögen an diesem gesegneten Tag Wachstum und Entwicklung ihre Wirkung entfalten.«*

Freitag

Der Freitag wird von der Venus beherrscht und ist daher der ideale Tag für Zaubersprüche, in denen es um Liebe, Ausgeglichenheit, Kunst, Schönheit, Beziehungen und alles Erfreuliche geht.

FARBEN:
Grün oder Rosa

KRISTALLE:
Grüner Fluorit, Smaragd, Malachit

RÄUCHERWERK UND ÖLE:
Flieder, Himbeere, Vanille, Veilchen

Stell eine grüne oder rosafarbene Kerze auf einen Teller. Streu zu ihrem Schutz einen Kreis aus Salz um sie herum. Entzünde die Duftlampe und gib einige Tropfen ätherisches Öl ins Wasser.

Zünde die Kerze an und atme zwanzig Mal ein und aus. Halte inne und bleib einen Moment lang ruhig sitzen. Notiere nun auf einem quadratischen Blatt Papier, was du anlocken willst: Ist es eine romantische Liebe oder künstlerisches Talent? Oder sind es harmonische Beziehungen und tiefe Freundschaften?

Wenn du nicht weißt, was du schreiben sollst, lass dich von einem Rosensymbol (steht für die Liebe) oder einer Sigille inspirieren. Falte das Papier dreimal, um den Zauber zu verstärken, und lege deinen Kristall auf das Papier. Warte, bis die Kerze vollständig heruntergebrannt ist, reinige dann den Raum und räume ihn auf.

Die beste Zeit für diesen Zauber ist die Zeit des zunehmenden Mondes und des Vollmonds.

Wiederhole dreimal laut oder in Gedanken: *»Mögen an diesem gesegneten Tag Liebe und Ausgeglichenheit ihre Wirkung entfalten.«*

SAMSTAG

Der Samstag wird vom Saturn beherrscht und ist von daher ideal für Zaubersprüche, in denen es um Schutz, Ausdauer, Stabilität, Karma und Befreiung von Giften geht.

FARBE:
Indigoblau

KRISTALLE:
Rauchquarz, Hämatit, Onyx

RÄUCHERWERK UND ÖLE:
Zypresse, Dill, Patschuli, Rosmarin

Stell eine (indigo-)blaue Kerze auf einen Teller. Streu zu ihrem Schutz einen Kreis aus Salz um sie herum. Entzünde die Duftlampe und gib einige Tropfen ätherisches Öl ins Wasser.

Zünde die Kerze an und atme zwanzig Mal ein und aus. Halte inne und bleib einen Moment lang ruhig sitzen. Notiere nun auf einem quadratischen Blatt Papier, wovon du dich befreien, wovor du dich schützen oder was du aus deinem Leben entfernen möchtest.

Wenn du nicht weißt, was du schreiben sollst, lass dich von einem Schnur- oder Kettensymbol (steht für Schutz) oder einer Sigille inspirieren. Falte das Papier dreimal, um den Zauber zu verstärken, und lege deinen Kristall auf das Papier.

Warte, bis die Kerze vollständig heruntergebrannt ist, reinige dann den Raum und räume ihn auf. Die beste Zeit, um diesen Zauber durchzuführen, ist die des abnehmenden Mondes.

Wiederhole dreimal laut oder in Gedanken: *»Mögen an diesem gesegneten Tag alle negativen Energien verschwinden und nicht verweilen.«*

Amulett zum Anlocken von Geld

Wann hast du das letzte Mal deinen Geldbeutel geleert? Wenn du hinsichtlich der Möglichkeiten, mehr Geld in deinem Leben zu haben, die entsprechenden Energien ändern willst, musst du als Erstes deine Beziehung zum Geld und zur Energie von Reichtum und Überfluss verbessern. Und das bedeutet, dass du deinen Geldbeutel als ein Portal zum Empfang von Reichtum betrachten solltest.

Ich trage seit Jahren eine Silbermünze in meinem Portemonnaie mit mir herum. Sie signalisiert meinem Unterbewusstsein, dass ich immer Geld habe und gut versorgt bin. Du kannst dir dein ganz persönliches magisches Amulett basteln, das mit deinem eigenen Plan zum Anlocken von Geld programmiert ist.

Am besten stellst du es dann her, wenn du dich gerade sehr präsent fühlst und eine positive Einstellung zum Geld hast. Wenn du dir ein solches Amulett bastelst, wirst du von selbst daran erinnert, wie leicht Geld zu dir fließen kann (man spricht ja nicht umsonst vom »Geldfluss«) und dass du, wenn du dich nicht dagegen wehrst, dem Universum vertrauen kannst, dass es dich versorgt.

Wenn du die feste Absicht hast, eine bestimmte Geldsumme in dein Leben zu locken, dann verwende diese Zahl auch in deinem Amulett.

WAS DU BRAUCHST:

- Goldstift und ein kleines Stück Papier
- Ein kleiner gerollter Citrin
- Ein getrocknetes Lorbeerblatt und drei Sonnenblumenkerne
- Ein kleines Viereck aus Stoff, idealerweise aus Naturfasern
- Stoff (10 x 10 cm)
- Goldenes Band oder Garn (steht für Sonne und den Wohlstand)

VORGEHEN:

1. Leg alle Gegenstände auf einen Tisch, auf den natürliches Sonnenlicht fällt.
2. Notiere mit deinem goldenen Stift auf dem Papier, was du in diesem Moment bereits manifestiert hast, zum Beispiel: »Ich bin so dankbar für das Geld, das mich auch weiterhin unterstützt und in meine Richtung fließt.« Du kannst zudem eine Zahl notieren, die der Summe entspricht, die du in deinem Leben haben möchtest.
3. Falte das Papier dreimal, um den Zauber zu verstärken.
4. Leg den Kristall oben auf das Papier, gefolgt von dem Lorbeerblatt und den Sonnenblumenkernen.
5. Falte das Stoffquadrat zu einem Beutel, fülle alle Gegenstände hinein und binde ihn dreifach mit goldenem Band oder Garn zu.
6. Schließe die Augen und atme zwanzig Mal ein und aus. Leg dabei deine Hände auf den Beutel.
7. Reinige das Amulett mit einem Reinigungsstrauß (siehe Seite 34) und steck es dann in deine Tasche oder dein Portemonnaie.

Magische Altäre im Jahreskreis

Um die geistlichen Inhalte einer Religion ohne formale Regeln zum Ausdruck zu bringen, nutzt Wicca bestimmte spirituelle Traditionen. Ein besonderer Schwerpunkt liegt auf der Natur und darauf, ein eigenes magisches Selbstvertrauen zu entwickeln. Dies wiederum bedeutet, dass Wicca für angehende Hexen zugänglich ist – und für diejenigen, die einfach nur nach einer tieferen Verbindung mit sich selbst und der Welt um sie herum suchen. Wicca glaubt an die zyklische Natur des inneren und äußeren Wachstums, an das, was in uns ist, und daran, dass unsere Handlungen und Überzeugungen die Außenwelt formen können.

Die acht Sabbate, d. h. Feiertage oder Feste des Jahres basieren auf uralten Traditionen, die die Energien wichtiger Eckdaten des Sonnenjahres nutzen. Sie werden in Form eines Rades dargestellt. Eine schöne Möglichkeit, jedes dieser Feste zu feiern, besteht daran, einen Altar in deinem Haus zu errichten. Auf diese Weise erhält dein Lebensumfeld eine neue Ästhetik, die deine Kreativität anregt und deine magische Beziehung zu Geist und Natur stärkt.

Hiermit lade ich dich ein, die folgenden, von den acht Sabbaten inspirierten Altäre auszumalen und zu schmücken. Dies ist eine Übung in Achtsamkeit, aber auch eine, die dir helfen wird, dich an die Namen und Daten der Sabbate zu erinnern, falls du sie feiern und eigene Themenaltäre gestalten möchtest. Ich habe die ungefähren Daten für diese Naturfeste angegeben, doch ihre Energie ist mindestens einen Monat lang zu spüren, und es hängt auch viel davon ab, wo auf der Welt du dich befindest.

SAMHAIN: Dieser Sabbat liegt zwischen der Tagundnachtgleiche im Herbst und dem Julfest.

Samhain ist das »Fest der Toten«, und für Hexen ist dies eine wahrhaft magische Zeit. Es wird der Ahnen gedacht, und die Dreifaltige Göttin, die den Zyklus von Leben und Tod versinnbildlicht, wird gefeiert. Mit seiner Schlichtheit läutet Samhain den »Wandel« ein und erinnert daran, dass der Winter vor der Tür steht. Samhain wird am 31. Oktober gefeiert (1. Mai in der südlichen Hemisphäre).

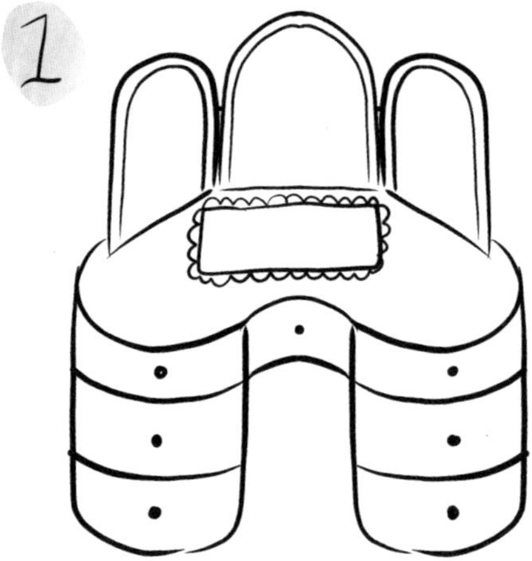

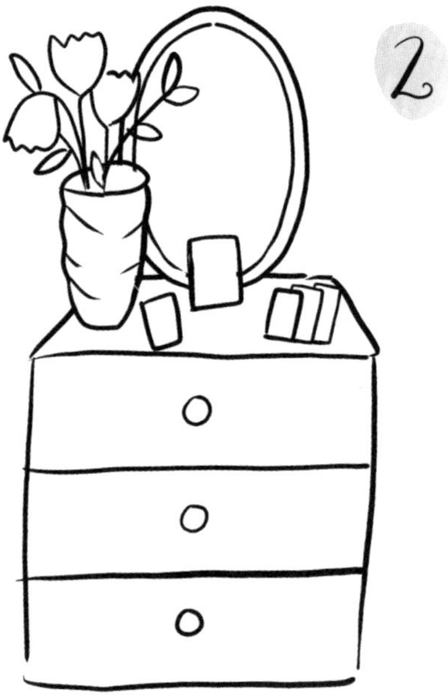

JULFEST/WINTERSONNENWENDE: 21./22. Dezember (21./22. Juni in der südlichen Hemisphäre)

Das Julfest wird auch als Mittwinter bezeichnet und am kürzesten Tag des Jahres begangen. Dies bedeutet, dass die dunklen Tage bald vorbei sein werden und die Sonne zurückkehrt. Jetzt ist die Zeit, um mit Freund:innen und Familie fröhlich zu feiern. Die Hexe wendet sich immergrünen Pflanzen und Bäumen zu und entwickelt in stillen Stunden neue Gedanken und Ideen.

3

IMBOLC: 1./2. Februar (1./2. August in der südlichen Hemisphäre)

Imbolc (ausgesprochen: im-ol-c) steht für die Rückkehr von Licht und Leben. Erste kleine Triebe erscheinen und die ersten Lämmer des Jahres werden geboren. Die heilige Brigid, die Schutzpatronin der Metallkunst, der Geburtshilfe, der Poesie und der Kreativität, wird zu dieser Zeit verehrt. Für Hexen symbolisiert sie das ewige Feuer der Kreativität und der Heilkraft.

4

OSTARA/TAGUNDNACHTGLEICHE IM FRÜHLING: 21./22. März (21./22. September in der südlichen Hemisphäre)

Die Tagundnachtgleiche im Frühling naht, und Licht und Dunkelheit halten sich die Waage. Danach dreht sich alles ums Wachstum. Die Natur erfährt einen enormen Energieschub. Der sich ankündigende Vollmond sowie die sprichwörtlichen Märzhasen, die zur Paarungszeit tanzen und boxen, stehen symbolisch für Fruchtbarkeit und neue Ideen. Durch bemalte Eier und einen von Ostara inspirierten Festaltar lässt sich das magische Potenzial dieser Zeit voll ausschöpfen.

BELTANE: 1. Mai (31. Oktober in der der südlichen Hemisphäre)

Beltane ist eines der schönsten und farbenfrohesten Sabbatfeste. Es symbolisiert das Nahen des Sommers. Feuer werden entzündet, um allen Menschen Glück zu bringen. Maibäume werden geschmückt, und in der Dämmerung pflücken viele Hexen Maiblumen. Dies ist das Fest, mit dem die Vereinigung von Mann und Frau und der Übergang vom Frühling zum Sommer gefeiert wird.

5

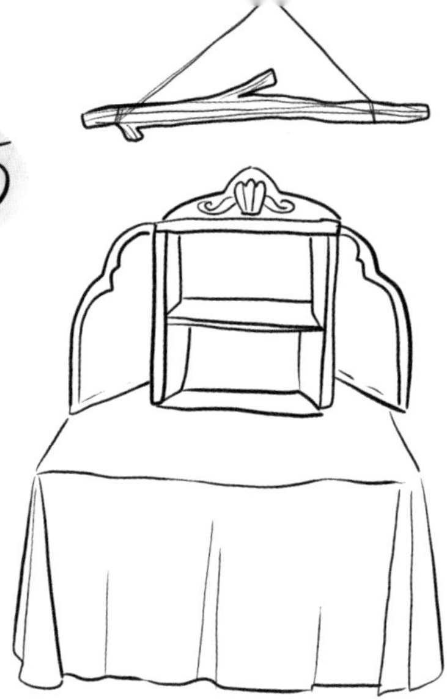

6

LITHA/SOMMERSONNENWENDE: 21./22. Juni (21./22. Dezember in der südlichen Hemisphäre)

Mittsommer ist das Gegenstück zum Julfest und wird am längsten Tag des Jahres gefeiert. Dieser Sabbat dient dazu, die Sonne zu bitten, uns mehr spirituelle Kraft und unserem Leben einen tieferen Sinn zu verleihen. Durch das Zusammensein an Orten von spiritueller Bedeutung – wie etwa Stonehenge in England – wird das Fest noch schöner.

LUGHNASADH ODER LAMMAS:

1./2. August (1./2. Februar in der südlichen Hemisphäre)

Lughnasadh ist das Fest der Ernte und fällt zwischen die Sommersonnenwende und die Tagundnachtgleiche im Herbst. Die ertragreiche Sommerernte wird eingefahren und mit der Familie und der Gemeinschaft geteilt. Dieses Fest feiert das Wachstum und erinnert daran, wie wichtig es ist, die eigene Ernte mit anderen zu teilen. Für Hexen steht dieser Sabbat für einen Wechsel der Jahreszeit und für ein langsameres Tempo. Jetzt ist die Zeit, um der Großen Mutter Gaia für ihre Gaben und Erzeugnisse zu danken.

7

8

MODRON, MABON ODER TAGUNDNACHTGLEICHE IM HERBST:

21./22. September (21./22. März in der südlichen Hemisphäre)

Modron liegt der Tagundnachtgleiche im Frühling gegenüber. Tageslicht und Dunkelheit halten sich die Waage. Dies ist der richtige Zeitpunkt, um das Land und die farbenfrohen herbstlichen Produkte zu ehren, die es hervorbringt. Äpfel sind in Hexenritualen wegen ihrer Symbolkraft von hoher Bedeutung: Sie markieren die Schwelle zwischen unserer und der übernatürlichen Welt. Diese Zeit, in der die Tage kürzer werden, das Licht schwindet und sich alles auf den Winter vorbereitet, ist von unbändiger Kreativität geprägt.

»ICH WERDE NACH INSELN DES ZAUBERS SUCHEN, AN JEDEM TAG.«

– Jo Cauldrick

ZUM AUSMALEN

WELCHE BEREICHE IN MEINEM ZUHAUSE BRAUCHEN AM MEISTEN AUFMERKSAMKEIT?

**WORUM MÖCHTE ICH MICH ALS ERSTES KÜMMERN?
WIE WERDE ICH MICH DABEI FÜHLEN?**

Hilfsmittel für Hexen

Jede Hexe wird mit der Zeit eine Auswahl an Dingen für sich zusammenstellen, die ihr in der Praxis von Nutzen sind. Einige von ihnen sind hier abgebildet. Zu welchen fühlst du dich sofort hingezogen? Welche würdest du hinzufügen?

Runen

Besen

Badesalze

Lieblingsteekanne

Kessel

Naturkerzen

Mörser & Stößel

Magische Bücher

Hexenkorb

Sammlung edler Kristalle

Tagebuch

Ätherische Öle

Tarot-/Orakelkarten

Kräuter

Feder

Zimmerpflanzen

Mondschale

Für dieses schöne Projekt brauchst du lufttrocknenden Ton, um daraus eine lange, geschwungene Schale zu formen, in die du deinen Reinigungsstrauß nach Gebrauch hineinlegen kannst. Sie wird für dich so kostbar sein, dass du sie das ganze Jahr über auf deinem Altar haben möchtest.

Lufttrocknender Ton, der für das Element Erde steht, ist ein Muss für jede handwerkende Hexe. Er ist erschwinglich, leicht zu beschaffen, und man kann daraus kleine magische Dinge herstellen, die dein Zuhause einzigartig wirken lassen. Wenn du nach einer Beschäftigung für die Zeit des Vollmonds suchst, ist diese hier perfekt, vor allem in den Monaten unter einem Erdzeichen (Stier, Jungfrau, Steinbock).

Ich benutze lufttrocknenden Ton schon seit Jahren und liebe ihn, seit ich ein kleines Mädchen war. In den Sommerferien saß ich immer draußen am Gartentisch und formte stundenlang Perlen oder kleine Teller aus Ton. Sie trockneten in der Sonne recht schnell, sodass ich sie am nächsten Tag bemalen konnte.

WAS DU BRAUCHST:

- Eine abwaschbare Matte, um deinen Tisch oder deine Arbeitsfläche zu schützen
- 1 Päckchen lufttrocknender Ton (weiß)
- Ein kleines Messer zum Schneiden
- Nudelholz – du kannst aber auch eine leere Flasche verwenden
- Acrylfarben (ich nehme meist Schwarz, Gold und als Grundfarbe Weiß)
- Pinsel (ein flacher Borstenpinsel und ein dünnerer Pinsel für die Details)
- Weiches Tuch
- Schleifpapier (optional)
- Acryllack

VORGEHEN:

1 Leg die Matte und danach den Ton auf deine Arbeitsfläche.
2 Schneide ein etwa golfballgroßes Stück von dem Ton ab und leg den Rest in die Packung zurück, damit er nicht austrocknet, während du arbeitest.
3 Knete den Ton mit deinen Händen, um ihn anzuwärmen und formbarer zu machen. Wenn er zu trocken ist, bespritze ihn mit ein wenig Wasser.
4 Rolle den Ton mit dem Nudelholz aus und wende ihn von Zeit zu Zeit, damit er sich gleichmäßig verteilt. Tu dies so lange, bis der Ton etwa 1 cm dick ist.
5 Wenn du mehr Ton benötigst, so füge mehr hinzu und wiederhole Schritt 4.
6 Jetzt formst du ein Rechteck, aber mit abgerundeten Ecken. Denk daran, dass dein Reinigungsstrauß bequem in die Schale passen muss, sie sollte also entsprechend lang sein. Meine misst ungefähr 6 × 13 cm. Schneide zunächst eine grobe Form aus und biege die Enden nach oben, um einen kleinen Rand zu schaffen.
7 Die Schale sollte einen unregelmäßigen oberen Rand haben, der organisch aussieht. Mach dir also keine Sorgen, wenn das Ergebnis nicht perfekt ist.
8 Wenn du mit der Form zufrieden bist, lass sie 24 Stunden lang trocknen.
9 Entferne vorsichtig alle Rückstände mit einem trockenen Tuch von der Tonschale. Wenn du die Ränder etwas glätten möchtest, verwende feines Sandpapier.
10 Jetzt kannst du drei kleine Monde auf die Schale malen. Verwende schwarze Farbe für die dunkle Seite des Mondes und goldene Farbe für seine helle Seite.
11 Trage nun mit einem dünneren Pinsel Gold auf den Rand der Schale auf.
12 Lackiere die Schale zweimal. Lass die erste Lackschicht trocknen, bevor du die nächste aufträgst.

NACHT

✶ KAPITEL 5 ✶

Mit der Nacht geht ein spezieller »Zauber« einher. Mit ihr endet die Zeit der Tätigkeit und des Bewusstseins, und es beginnen die erholsamen Ruhestunden im Reich des Unbewussten.

Sich Zeit für einen einfachen Zauber zu nehmen, ist sehr wichtig, denn auf diese Weise erkennt man, was im Leben wichtig ist. Für dieses letzte Kapitel habe ich einige schöne Bastelvorschläge und Rituale zur Selbstfürsorge ausgewählt, die deinen Körper, deinen Geist und deine Seele nähren werden.

Manche Abende sind von einem besonderen Zauber geprägt. Vielleicht ist gerade Vollmond oder ein ätherisches Leuchten erhellt den Himmel. Du bekommst Lust, in dein Tagebuch zu schreiben, deine Tarotkarten zu legen oder ein Orakel zu befragen. An anderen Abenden möchtest du dagegen einfach nur still dasitzen und nichts tun.

Manchmal kann aber auch das Schmieden geheimer magischer Pläne an einem besonderen Abend dafür sorgen, dass du ein Ziel hast und etwas, worauf du dich freust.

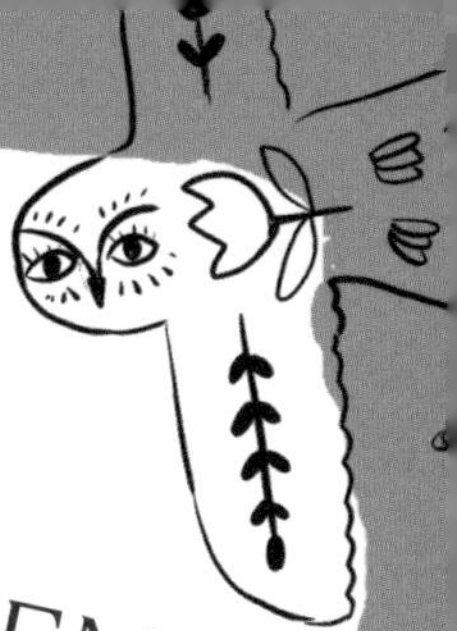

TIERBEDEUTUNGEN

Hier sind 21 Tiere und ihre spirituellen Bedeutungen. Ist in letzter Zeit eines von ihnen in deinen Träumen oder deinem Leben aufgetaucht? Halte Ausschau nach Tieren, die dir über den Weg laufen oder sich in Form von Kunst- und Schmuckgegenständen, Wahrsageutensilien, Orakelkarten und Ähnlichem manifestieren.

Wenn du die folgenden Tiere oder Symbole von ihnen siehst, so haben sie eine Botschaft für dich.

BÄR – Du bist stark und erdverbunden, und deine Entschlossenheit hilft dir dabei, Hindernisse zu überwinden.

BIENE – Du bist kommunikativ, fleißig, anpassungsfähig und erfolgreich.

KATZE – Du bist magisch, geheimnisvoll, unabhängig und kreativ.

FUCHS – Du bist intelligent, aufmerksam, engagiert und anpassungsfähig.

EULE – Du bist intuitiv, hast ein Gespür für deine Umgebung, bist intelligent und belastbar.

KRÄHE – Du hast starke übersinnliche Fähigkeiten, bist willensstark und flexibel.

EICHHÖRNCHEN – Du bist verspielt, vorsichtig, organisiert und effizient.

FROSCH – Du bist bescheiden, geduldig und weise. Du bist mit Glück gesegnet.

PFERD – Du bist mitfühlend, spirituell, sensibel und umgänglich.

SCHMETTERLING – Du bist anmutig, anpassungsfähig, klug und ausdrucksstark.

HUND – Du bist loyal, verantwortungsbewusst, engagiert und warmherzig.

SCHAF – Du bist bescheiden, bodenständig, mutig und mitfühlend.

LIBELLE – Du bist weise für dein Alter, freiheitsliebend und erfolgreich.

MOTTE – Du bist intuitiv, großzügig, vertrauenswürdig und optimistisch.

WALFISCH – Du bist kommunikativ, spirituell, weise und liebevoll.

IGEL – Du bist fürsorglich, entspannt, charmant und sanft.

DACHS – Du bist entschlossen, engagiert, zuversichtlich und handlungsorientiert.

SCHWAN – Du bist treu, anpassungsfähig, hingebungsvoll und visionär.

WOLF – Du bist selbstbewusst, instinktgeleitet, intelligent und diszipliniert.

OTTER – Du bist neugierig, flexibel, fröhlich und kooperativ.

HIRSCH – Du bist stark, aber sensibel, sanft und zärtlich.

Badezusätze für Neu- und Vollmondbäder

Mondbäder sind Gelegenheiten, um die Magie in dein Zuhause einzuladen. Es ist ein ganz besonderes Erlebnis, Kerzen zu entzünden, in einem selbstgemachten Elixier zu baden und zu wissen, dass diese Zeit ganz einem selbst gehört. Hier geht es um Selbstfürsorge und Seelenpflege. Du arbeitest nicht nur mit dem Element Wasser und mit dem Feuer der Kerzen, sondern erschaffst dir einen perfekt auf den Mond abgestimmten Moment der Entspannung.

Ich habe früher manchmal für eine Bekannte das Haus gehütet – es war ein 400 Jahre altes strohgedecktes Landhaus mit einem herrlichen Rosengarten. Wenn die Rosen ihre Blütenblätter fallen ließen, sammelte ich sie ein und legte sie zum Trocknen in die Sonne. Je dunkler die Blütenblätter waren, desto kräftiger wurde ihre Färbung. Ich habe damals auch große Büschel Französischen Lavendels gesammelt und getrocknet.

Ich tat dies, um aus den Blättern der Rosen, die für Schönheit und Fülle stehen, einen speziellen Mondbadezusatz herzustellen. Ich trocknete eine Handvoll Blütenblätter, um sie für Baderituale an Voll- oder Neumondabenden zu verwenden. Einige Blätter hob ich für später auf.

Der ganze Vorgang war für mich von göttlicher Magie erfüllt, vor allem da ich die Badezusätze ganz allein und mit liebevollen Intentionen kreiert habe. Hier nun ein einfaches, nicht besonders raffiniertes, dafür aber supermagisches Rezept für Mondbadezusätze, das ich selbst verwende.

WAS DU BRAUCHST:

- 100 g Bittersalz oder rosa Himalaya-Salz
- 2 EL getrockneter Lavendel
- 2 EL getrocknete Rosenblätter
- Mörser und Stößel (oder elektrischer Mixer)
- Glasgefäß mit Deckel
- 5 Tropfen ätherisches Rosenöl
- 5 Tropfen ätherisches Lavendelöl

Hinweis: Ätherische Öle sind stark, beachte daher bitte immer die Gebrauchsanweisung.

VORGEHEN:

Gib die Salze und die getrockneten Blüten in einen Mörser mit Stößel. So kannst du die Zutaten sehr fein zerkleinern. Das Zerkleinern mit Mörser und Stößel dauert zwar länger, ist aber eine traditionellere Vorgehensweise als die Verwendung eines Mixers, den du zur Not aber auch nutzen kannst.

Wenn die Salze und die Blütenblätter fein gemahlen sind, gib die Mischung in ein Glasgefäß und füge die ätherischen Öle hinzu. Verwende hierfür einen Löffel und rühre das Ganze vorsichtig um, damit sich die Öle gleichmäßig verteilen.

Wenn große Blüten Teil deines Mondbaderituals sind, kannst du ein kleines Netz oder Sieb verwenden, um die Blütenblätter am Ende des Bades aufzufangen.

BEUTEL FÜR MONDDUSCHEN:

WENN DU KEINE BADEWANNE HAST, KANNST DU DIR KLEINE BEUTEL FÜR MONDDUSCHEN BASTELN. UM DEIN DUSCHERLEBNIS ZU ETWAS GANZ BESONDEREM ZU MACHEN, SOLLTEST DU JE NACH WUNSCH PFLANZEN, KRISTALLE ODER KERZEN MITEINBEZIEHEN. LEG DIE KRÄUTER UND BLUMEN AUS DEM REZEPT FÜR DEN MONDBADEZUSATZ AUF EIN VIERECK AUS BAUMWOLLE ODER MUSSELIN UND BINDE ES OBEN ZU. LASS DANN DAS WASSER ÜBER DEN BEUTEL LAUFEN, UM DIE AROMEN FREIZUSETZEN.

Füge den Vollmondbadezusätzen mehr Blüten und Aromen von Rose und Lavendel hinzu. Dies verstärkt ihre Fülle und die Fähigkeit zu manifestieren. Blumen rufen von Natur aus Gefühle von Schönheit, Ausdruck und Feierlichkeit hervor, was in ganz ähnlicher Weise auch für den Vollmond gilt.

Verwende für deine Neumondbadezusätze Salze, die auf die Muskeln wirken und eine tiefe Entspannung hervorrufen. Wenn sich deine Muskeln während eines Neumondbaderituals entspannen, entweichen alte Energien aus deinem Körper. Hierdurch kannst du besser atmen.

Du kannst 1 TL getrockneten Eukalyptus, 1 TL Rosmarin oder 1 TL Minze hinzufügen. Ich gebe auch gerne mal 1 TL getrocknete Kiefernnadeln hinzu. Ergänze außerdem 5–10 Tropfen eines ätherischen Öls deiner Wahl.

Bei beiden Rezepten solltest du je eine oder zwei Handvoll deines Mondbadezusatzes unter fließendes Wasser halten und im Uhrzeigersinn unter dem Strahl hin- und herbewegen, um die Aromen freizusetzen.

Farbenfroher Kerzenzauber

Jede Hexe liebt Kerzen. Sie spielen eine wichtige Rolle bei der Durchführung von Zauberritualen, denn sie sind Symbole der Initiation. Kerzen stehen für das Element Feuer, und in Verbindung mit bestimmten Farben können sie dich bei deinen magischen Aufgaben unterstützen, wie etwa beim Heilen, Manifestieren, Lösen eines Problems oder bei einer Reinigung. Sie können aber auch ganz einfach eine bestimmte Stimmung erzeugen.

Kerzen gibt es in einer Fülle von Farben und Düften und sind leicht zu beschaffen. Du kannst auch farbige Teelichter verwenden.

Nutze die folgenden Seiten, um über die richtigen Farben und ihre Bedeutungen Bescheid zu wissen, wenn du das nächste Mal einen Zauber durchführst, ein Mondbad planst oder deinen Altar entsprechend der Jahreszeit schmücken möchtest.

Rot

Wird verwendet, um Kräfte zu mobilisieren, zum Handeln anzuregen und Projekte in Gang zu bringen. Eignet sich für einen romantischen Liebeszauber, der statt auf Lust auf einer tiefen spirituellen Verbindung beruht.

Rosa

Rosafarbene Kerzen stehen für eine sanftere Energie – für eine, die Gefühle von bedingungsloser Liebe, Freundschaft und sinnlicher Weiblichkeit zum Leben erweckt.

Blau

Ein sehr helles Blau ist die Farbe, die einem ein Gefühl von Ruhe und Frieden vermittelt – perfekt, wenn du dir einen Raum zum Meditieren einrichten oder ein entspannendes Bad nehmen möchtest.

Gelb

Dies ist die Farbe der Sonne, und sie steht für einen wachen Geist und ein klares Bewusstsein. Zünde eine gelbe Kerze während einer Sonnenfinsternis an oder bei Ritualen, mit deren Hilfe du dein Gedächtnis und deine Lernfähigkeit stärken oder Aufgaben lösen möchtest, die eine eher logische Herangehensweise erfordern.

Violett

Wird mit Autorität und allem Königlichen assoziiert. Zünde eine violette Kerze an, um dich selbst zu stärken und deine übersinnlichen Fähigkeiten zu verbessern.

Grün

Diese Farbe steht für Wachstum, aufkeimende Ideen und Kreativität. Grüne Kerzen eignen sich perfekt für Zaubersprüche und Rituale, bei denen es um Heilung und Regeneration geht.

Orange

Diese Farbe ist ein freundlicher Verbündeter. Sie kann dir Trost spenden, dich inspirieren und dich wieder klar sehen lassen, wenn dir alles zu viel wird. Zünde eine orangefarbene Kerze an, um deine Kreativität zu stärken und dich innig umarmt zu fühlen.

Weiß

Steht für den Mond, aber auch für Unschuld, Reinheit und Klarheit. Zünde weiße Kerzen an, wenn du Schutzrituale für dein Heim durchführen möchtest. Die Farbe Weiß lässt jeden Raum elegant aussehen und verleiht ihm einen ganz besonderen Zauber.

Schwarz

Diese Farbe sollte bei Bannzaubern mit Bedacht eingesetzt werden. Sie verkörpert die Abwesenheit des Lichts und kann daher bei abnehmendem Mond und bei Neumond verwendet werden. Schwarz ist eine fantastische Farbe, wenn du dich von negativen Gedankenmustern lösen willst oder wenn du dich unwohl fühlst und die entsprechende Energie abschütteln möchtest. Schwarz absorbiert negative Energie, achte also darauf, dass du dein Umfeld vor und nach jedem Ritual oder Zauber reinigst.

Braun

Diese Farbe erdet dich und vermittelt dir ein Gefühl von Sicherheit, Stabilität und Kontrolle. Eine Kerze in dieser Farbe eignet sich zusammen mit Kerzen in Orange und Weiß perfekt für eine Haussegnung.

Mondwasser

Mondwasser sollte auf die Pulspunkte getupft werden, d. h. auf die Stellen, an denen das Blut direkt unter der Hautoberfläche fließt, wie etwa an den Handgelenken, hinter den Ohren und an den Schläfen.

Mondwasser kannst du verwenden, um dein Heim und die darin befindlichen Gegenstände zu reinigen. Ich persönlich verwende Mondwasser am liebsten zum Gießen meiner Pflanzen, und ich verteile es um meine Haustür herum, um für zusätzlichen Schutz und gute Schwingungen zu sorgen.

Seit Jahrhunderten verwenden Hexen Mondwasser wegen seiner engen magischen Verbindung mit der Liebe, der Fülle und der Kraft des Manifestierens.

Mondwasser muss nicht zwingend während einer Sonnenfinsternis zubereitet werden. Solche Ereignisse stehen für das Verborgene. Es soll hier aber vielmehr darum gehen, das loszulassen, was du nicht länger brauchst, und nicht darum, etwas zu feiern oder zu verstärken.

Mondwasser ist eines der Dinge, die ich am liebsten zubereite. Und ich teile meine Vorgehensweise seit Jahren mit meiner Community. Das richtige Timing ist ein bedeutender Faktor bei der Herstellung von Mondwasser, aber noch wichtiger ist die Intention, die du in dir trägst, und die Art und Weise, wie du das Wasser so programmierst, dass du die besten Ergebnisse erzielst.

Der Mond steht für das Unterbewusstsein und das Wasser für unsichtbare oder verborgene Emotionen. Die regelmäßige Zubereitung von Mondwasser ermöglicht es dir, deine Beziehung zum Mond auf magische Weise zu vertiefen und das Element Wasser sowie dein Unterbewusstsein zu nutzen, um mehr Fülle und Freude in dein Leben zu bringen.

WAS DU BRAUCHST:

- Einen klaren Kopf und ein ruhiges Gemüt
- Ein Glas-, Silber- oder Keramikgefäß. Ich verwende eine Glasflasche mit einem Deckel aus natürlichem Kork.
- Einen klaren Kristall. Klare Kristalle enthalten eine reinere Kraft und lassen sich bestens mit dem Licht des Vollmonds aufladen. Einen Kristall aufzuladen bedeutet, ihn entweder nach einer vorherigen Nutzung zu reinigen bzw. zu neutralisieren oder seine Kraft zu verstärken.
- Einen Quarzstab (optional)

VORGEHEN:

Beim Umgang mit Wasser, das vom Mond aufgeladen werden soll, bist du am besten barfuß und deine Hände und Füße sind gewaschen. Hol dir Wasser aus einer natürlichen Quelle oder verwende Regenwasser. Wenn kein natürliches Wasser zur Verfügung steht, reicht gefiltertes oder destilliertes Wasser.

Beginne beim ersten Licht eines zunehmenden Mondes, das Wasser schrittweise in dein Gefäß zu füllen, während der Mond nach und nach zunimmt. Vom zunehmenden Mond bis zum Vollmond vergehen ungefähr elf Tage.

Stell das Gefäß mit dem Mondwasser draußen auf, am besten so hoch wie möglich auf einer Basis aus Stein, Granit oder einem natürlichen Material.

Hol das Mondwasser tagsüber zu dir rein. Wiederhole dies alles bis zum Vollmond. Wasch deine Hände und Füße und setz dich mit dem Gefäß in deinen Händen ruhig hin. Versuche, ganz bei dir zu sein. Wenn du nicht weißt, was du sagen sollst, oder keine bestimmte Intention hast, reicht es, wenn du mit dem Wasser einfach nur dasitzt. Das gibt dir Kraft, und wenn du es regelmäßig wiederholst, wirst du zu neuen Erkenntnissen über dich selbst gelangen.

Du kannst das Mondwasser zusammen mit Kräutern oder ätherischen Ölen in eine Sprühflasche geben und als Raumduft benutzen. Oder tupfe es dir auf die Schläfen, die Brust, den Bauch und die Handgelenke, um mehr Gesundheit, Wohlstand und Fülle in dein Leben zu bringen.

ZUM AUSMALEN

WODURCH FÜHLE ICH MICH GEBORGEN UND SICHER?

GEFÜHRTE MEDITATION

**Es ist sehr wichtig, dass du dir bei Neumond Zeit für dich nimmst, um darüber nachzudenken, wie du dich in der nächsten Mondphase fühlen möchtest ...
Und was du in dein Leben locken möchtest.**

Beginne damit, dass du deine gesamte Aura reinigst, d. h. das energetische Feld, das deinen Körper umgibt. Fang ganz oben auf deinem Kopf an.

Stell dir vor, wie dich eine Welle aus warmem, goldenem Licht sanft am Kopf berührt und über Nacken, Schulter und Brust nach unten wandert.

Es fühlt sich an wie eine warme Umarmung.

Während das goldene Licht dein Herz, deinen Bauch, deine Hüften, Oberschenkel, Knie und Füße durchströmt, fühlst du dich schwerelos. Deine Gedanken sind klar und frei von Bedenken, die dir Grenzen setzen.

Atme tief ein und halte drei Sekunden lang den Atem an, 1 ... 2 ... 3

Atme aus und konzentriere dich dabei auf die Luft, die aus deiner Lunge strömt. Atme nun frische Neumondenergie ein, 1 ... 2 ... 3

Betrachte deinen Körper und bereite dich auf den nächsten Mondzyklus vor. Öffne dich dafür, zu einer besseren Version deiner selbst zu werden.

Stell dir vor, du bist in einem uralten Wald.
Es dämmert und der Himmel wird langsam dunkler.

Nach und nach tauchen deine liebsten Sterne und Sternbilder auf – wie gute Freund:innen, die sich mit dir treffen.

Der Boden ist weich und moosig, und du gehst barfuß zu einer Lichtung mit uralten Eichen und Stechpalmen.

In der Mitte erwartet dich ein knisterndes Feuer. Dort machst du es dir gemütlich. Stell dir vor, dass sanfte Musik spielt.

Du blickst in das Feuer.

Du visualisierst deine schöpferischen Träume.

Du siehst die Flammen tanzen.

Du spürst in dir die Leidenschaft für deine Ideen. Du bittest um die Motivation und die Energie, die du brauchst, um mit neuen Projekten zu beginnen oder neue Gewohnheiten anzunehmen.

Du nimmst einen Holzstock in die Hand. Die Flammen züngeln in der Luft und reichen bis zu den Sternen.

Beschreibe mit dem Stock dreimal im Uhrzeigersinn einen Kreis vor den Flammen, um deren magnetische Kraft auf dich wirken zu lassen.

Atme aus und lass los.

Beende diese Meditation mit einem dreimaligen bewussten Ein- und Ausatmen.

Neumondtagebuch

Jedes Jahr lege ich ein Notizbuch im A5-Format an, speziell für meine Neumondziele. Ich halte meine Intentionen in meinem Neumondtagebuch fest – so, als wären meine Wünsche bereits in Erfüllung gegangen.

Ich glaube, dass man, wenn man regelmäßig Dinge in ein Tagebuch einträgt, tiefgreifende Veränderungen im Leben bewirken kann. Ich habe zum Beispiel vor einigen Jahren notiert, dass ich mein erstes Buch schreiben und mit einem fantastischen Verleger zusammenarbeiten würde. Ich war so fest davon überzeugt, dass dies geschehen würde, dass ich in diesem Moment und bei Neumond wusste, wie es sich anfühlt, wenn dieser Traum in Erfüllung geht. Es war großartig, mein Neumondtagebuch von damals wiederzufinden und die Vorsätze, die ich hatte, noch einmal zu lesen – viele sind in Erfüllung gegangen.

TIPP: DU KANNST DIE VORDERSEITE DEINES TAGEBUCHS ALS VISION BOARD ANLEGEN ODER EIN KLEINES HEFT FÜR JEDEN NEUMOND GESTALTEN. SCHNEIDE HIERFÜR AUS ZEITSCHRIFTEN BILDER AUS, DIE DICH DAZU ANSPORNEN, EIN BESTIMMTES PROJEKT IN ANGRIFF ZU NEHMEN, ODER DRUCK DIR FOTOS AUS DEM INTERNET AUS. DEIN ZIEL SOLLTE ES SEIN, DIR EIN VISUELLES HILFSMITTEL ZU ERSCHAFFEN, AUF DAS DU ZURÜCKGREIFEN KANNST, WENN DU DICH AN DEINEN FOKUS ERINNERN WILLST.

Konzentriere dich darauf, dich aus alten Denkmustern zu befreien, die dich bisher behindert haben. Betrachte diese Zeit als einen Neuanfang voller neuer Energie, die dir dabei helfen wird, deine Wünsche und Ziele zu festigen. Ich füge dir hier die Einflüsse der einzelnen Sternzeichen auf den Neumond bei, um dir zusätzliche Anregungen zu geben, worauf du dich konzentrieren kannst. Alle zwei oder drei Tage wandert der Mond durch ein anderes Sternzeichen.

Ein Beispiel: Wenn du bei Neumond Pläne für den neuen Mondzyklus schmiedest, dann solltest du das aktuelle Sternzeichen miteinbeziehen. Wenn also der Neumond beispielsweise im Widder steht, kannst du dessen feurigen Einfluss nutzen, um ein Projekt in Gang zu bringen.

WAS DU BRAUCHST:

- Weißes DIN-A4-Papier
- Gewachstes Garn oder Stickgarn
- Starke Nadel
- Schere
- Büroklammern
- Eine dicke Stopfnadel zum Stechen der Löcher

In dein Tagebuch könntest du schreiben:

Neumond im Widder (plus Datum)

Ich konzentriere meine Energie auf …

Ich werde diese Widder-Energie nutzen, um … anzustoßen.

Meine drei Hauptziele während des nächsten Mondzyklus sind …

VORGEHEN:

1

Fang mit zehn Blatt Papier an – ich halbiere meist fünf DIN-A4-Blätter, damit mein Tagebuch ein kleineres Format hat. Leg sie vor dich hin und falte sie in der Mitte.

2

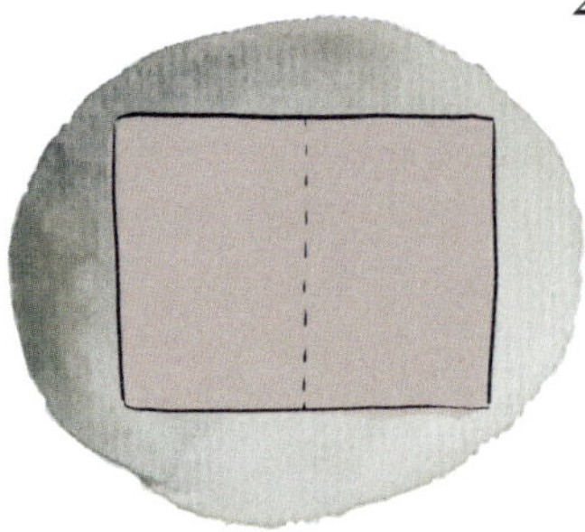

Entfalte die Blätter wieder und klemm sie an beiden Seiten fest, damit sie beim Nähen nicht verrutschen. Zeichne mithilfe eines Lineals Löcher entlang der Mittellinie. Verwende die Stopfnadel, um die Löcher zu stechen. Fünf Löcher sind ausreichend.

3

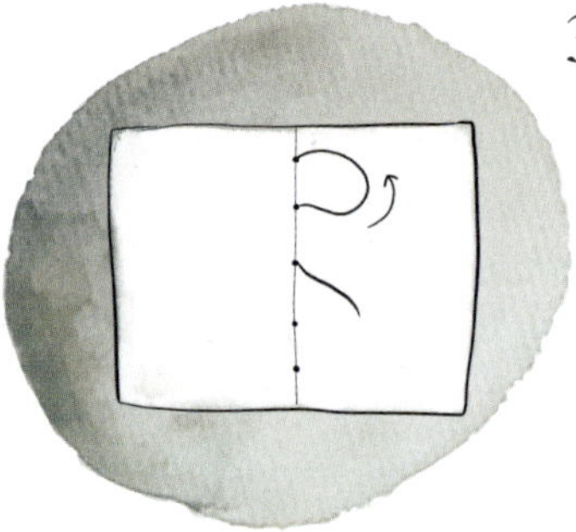

Fädle nun den Faden ein, aber mach an seinem Ende keinen Knoten. Fang am mittleren Loch auf der Innenseite an und zieh den Faden zur Außenseite durch. Lass 5 cm Faden auf der Innenseite übrig – du brauchst sie später.

4

Dreh die Seiten ins Querformat und näh zuerst nach rechts, dann zurück zur Mitte und dann nach links.

5

Wenn du damit fertig bist, näh zurück bis zum mittleren Loch, mit dem du begonnen hast. Dreh das Heft von der Vorder- auf die Rückseite, damit du die Stiche besser sehen kannst.

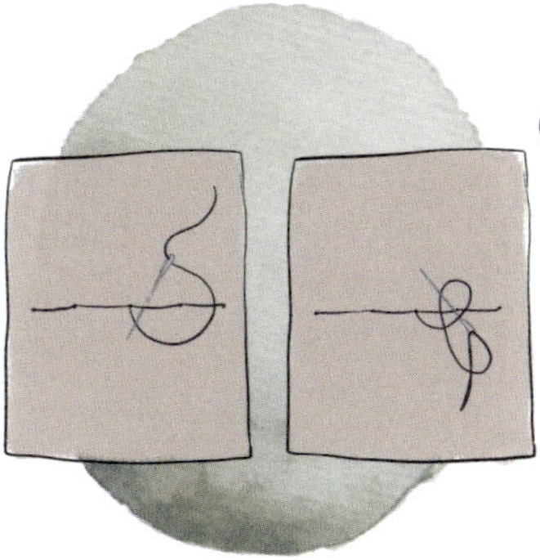

6

Führe den letzten Stich nach außen und mach einen Knoten, aber schneide den Faden noch nicht ab. Zieh den Faden nun nach innen zum dortigen Fadenende durch. Zieh ihn sanft durch die Seiten, verknote ihn mit dem inneren Faden und schneide die Enden ab.

7

Falte die Innenseiten zusammen und den Umschlag in die Gegenrichtung. Falte dann die vordere Umschlagseite zurück, klammere das gesamte Tagebuch zusammen oder leg es unter etwas Schweres, zum Beispiel ein paar Bücher.

8

Lass das Ganze einen Tag lang liegen. Danach kannst du das Wort »Neumondtagebuch« auf die Vorderseite zeichnen oder malen und etwas magisches Blattwerk hinzufügen.

WENN DER NEUMOND IM WIDDER STEHT:

Nutze deine praktische Stimmung und deinen Enthusiasmus für kurze Ausbrüche von Tatkraft, lass frische Energie in dein Heim oder fang mit einem neuen Projekt an.

WENN DER NEUMOND IM KREBS STEHT:

Dies ist die richtige Zeit, auf einer tieferen Ebene für dich selbst zu sorgen. Wenn du deine Verletzlichkeit zulässt, wird dich dies selbstsicherer machen, und du kannst dich selbst besser annehmen. Gieße die Samen in deinem Garten und die in deinen Träumen. Nähre dich selbst.

WENN DER NEUMOND IM LÖWEN STEHT:

Nutze dein großes, schönes Herz, um liebevolle und mutige Energie in den Äther zu pumpen. Erkenne deine wunderbaren Gaben und Talente und lenke viel Energie und liebevolles Licht in Richtung der Projekte, die du im Sinn hast.

WENN DER NEUMOND IN DER WAAGE STEHT:

Deine Stimmung wendet sich deinen Beziehungen zu. Ein gesteigerter Sinn für Schönheit, Gleichgewicht und Ästhetik spielt eine Rolle dabei, welche Neumondziele du dir setzt.

WENN DER NEUMOND IM STEINBOCK STEHT:

Übernimm Verantwortung und sei in deinem eigenen Leben der Anführer oder die Anführerin. Rituale und Rhythmen werden dir dabei helfen, diesen Gedanken zu stärken. Nutze die Entschlossenheit und den Ehrgeiz des Steinbocks, um dich auf die Ziele zu konzentrieren, die du erreichen willst.

WENN DER NEUMOND IM WASSERMANN STEHT:

Konzentriere dich auf Zusammenarbeit und Kommunikation und experimentiere mit neuen Ideen oder Lösungen. Deine Energie ist in der Lage, die Menschen um dich herum positiv zu beeinflussen. Eine philosophische Einstellung zum Leben wird dir dabei helfen, alle Herausforderungen zu meistern.

WENN DER NEUMOND IM STIER STEHT:

Zentriere und erde dich und lass jeden Starrsinn oder Egoismus los, der dich von wichtigen Vorhaben abhält. Entspann dich. Die Energie des Stiers ist sehr einfallsreich, nutze sie deshalb für den nächsten Mondzyklus. Das Einpflanzen von Samen ist bei diesem Neumond besonders wirkungsvoll.

WENN DER NEUMOND IM ZWILLING STEHT:

Jetzt ist es an der Zeit, das Wachstum zu harmonisieren und zu begrenzen, so wie ein Gärtner seine Pflanzen beschneidet. Dies ist deine Zeit, um Ideen zu sammeln, zu recherchieren, die Fühler auszustrecken und auf sympathische Weise mit anderen zu kommunizieren.

WENN DER NEUMOND IN DER JUNGFRAU STEHT:

Deine Stimmung verleiht dir den Mut, praktische und analytische Aufgaben anzugehen. Nutze den Neumond, um deinen Körper und dein Zuhause zu organisieren, in Ordnung zu bringen. Planungen und Zielsetzungen zeigen in dieser Zeit eine große Wirkung.

WENN DER NEUMOND IM SKORPION STEHT:

Lass allen Lärm und Klatsch hinter dir und wende dich deinem Inneren zu. Verbring Zeit allein und in der Natur und tauche dabei in mystische und metaphysische Sphären ein. Sei weniger in den Sozialen Medien unterwegs, streich deine To-do-Liste zusammen und nutze die Zeit, um Ideen wachsen zu lassen.

WENN DER NEUMOND IM SCHÜTZEN STEHT:

Nutze den Optimismus und die Naturliebe des Schützen, um nach draußen zu gehen und in der Natur zu sein. Gib deinen Ideen Platz zum Wachsen und schaffe dir einen schönen Raum zum Meditieren und Entspannen. Renaturiere dich selbst und stille deine Reiselust.

WENN DER NEUMOND IN DEN FISCHEN STEHT:

Während der Vollmond im Sternzeichen Fische sehr viel Kraft hat, wirkt der Neumond subtiler und ist weniger empfänglich. Dennoch ist dies eine gute Gelegenheit, deinen Sehnsüchten näherzukommen. Deine Fantasie und deine Sensibilität werden dir dabei helfen, dir magische Ziele zu setzen.

Duftkissen für einen guten Schlaf

Bei dieser Bastelarbeit muss ich immer an meine Großmutter denken. Sie hängte kleine handgestickte, mit Lavendel gefüllte Leinenkissen in ihren Kleiderschrank, damit ihre Kleider gut rochen und die Motten fernblieben. Ganz ähnliche Kissen hatte sie zudem neben den Gästebetten liegen. Seit damals habe ich viele solcher Kissen für mich und meine Töchter gemacht, damit sie und ich einen erholsameren Schlaf hatten.

Bei allem, was mit Entspannung und Schlaf zu tun hat, ist Lavendel die am besten geeignete Duftpflanze, denn sie wirkt antibakteriell und beruhigend. Lavendel ist leicht zu beschaffen, aber du kannst ihn auch selbst anbauen.

Und für eine Extraportion Magie kannst du dieses kleine Kissen mit einem Zauberspruch versehen.

WAS DU BRAUCHST:

- 2 Vierecke aus Naturleinen oder Baumwolle
- Nadel und Faden
- Ein kleines Stück Papier
- Goldstift
- 2 EL getrockneten Lavendel (füge nach Belieben Rosen oder andere getrocknete Blüten hinzu)
- Einen kleinen Kristall oder Edelstein zum Schutz (Obsidian) oder zur Entspannung (Amethyst)
- Natürliche Füllung (Schafswolle, Baumwolle, Bambusfaser) oder gebrauchte Stoffreste
- 5 Tropfen ätherisches Lavendelöl (bitte alle paar Wochen erneuern)

VORGEHEN:

1

Für dieses Vorhaben brauchst du kein Handarbeitsgenie zu sein, denn es ist ganz einfach. Leg die Vorderseiten der beiden Stoffquadrate aufeinander und näh sie an den Kanten zusammen. Achte dabei auf eine Nahtzugabe von etwa 5 mm. Habe außerdem einen Blick darauf, dass du 2,5 cm Seitenabstand lässt, damit du das Kissen auf rechts drehen kannst.

2

Nun zum Zauberspruch: Zaubersprüche sollten sorgfältig überlegt sein, also wähle eine Intention für dieses Kissen aus. Wofür soll es stehen? Was ist sein Zweck? Welche Energie soll es in sich tragen?

3

Notiere mit einem goldenen Stift einen Zauberspruch, der dir Regeneration, Erneuerung, Heilung und einen gesunden, ununterbrochenen Schlaf bescheren soll. Du kannst auch die Intention formulieren, dass dieses Kissen dir dabei helfen soll, klarer und tiefer zu träumen. Du kannst zusätzlich eine Sigille auf das Papier zeichnen.

4

Wenn du deinen Spruch aufgeschrieben hast, roll das Papier zusammen und stecke es in den Kissenbezug. Füge den getrockneten Lavendel, den Kristall und die Füllung bei und nähe das Kissen zu.

5

Gib ein paar Tropfen ätherisches Öl auf den Stoff und leg das Duftkissen unter dein Kopfkissen.

Du kannst dir ein »Sorgen-weg-Kissen« basteln, das ähnlich wie eine Sorgenpuppe funktioniert. Und du kannst dir natürlich auch mehrere Kissen mit verschiedenen Zaubersprüchen, Farben, Blumen und Ölen anfertigen.

- Kamille gegen Ängste und Stress
- Pfefferminze zur Belebung
- Bergamotte zur Entspannung vor dem Schlafengehen (kann mit einem Diffusor im Raum verteilt werden)
- Geranie für Ruhe und Ausgeglichenheit
- Jasmin zur Stimmungsaufhellung
- Schafgarbe für die Liebe und zum Abbau von Stress

MONDRITUALE

Über die Jahre habe ich meine Verbindung zum Mond und zu den Mondritualen, die mich auf meiner spirituellen Reise unterstützen, immer weiter vertieft. Solche Rituale sind heilige Momente, in denen du die göttlich-weibliche Energie des Mondes dazu nutzt, dich auf ein Ziel zu konzentrieren.

Diese Rituale bestärken dich darin, Projekte voranzutreiben, spirituelle Erkenntnisse zu gewinnen und negative Gedanken loszulassen.

Insgesamt besteht der Mondzyklus aus acht Hauptphasen. Jede dieser Phasen hat ihre eigene Energie und ihren ganz eigenen Zweck. Über Jahrhunderte haben die Menschen den Mond genutzt, um die richtigen Zeiten für landwirtschaftliche und häusliche Aktivitäten zu bestimmen. Im Grunde ist der Mond also ein Zeitmesser, und jeder Vollmond hat einen Namen, der mit den Blumen oder Tieren der jeweiligen Jahreszeit in Zusammenhang steht.

Ich habe acht Rituale entwickelt, also zu jeder Mondphase eines. Es ist nicht notwendig, alle diese Rituale in einem einzigen Mondzyklus durchzuführen. Vertraue auf den richtigen Zeitpunkt und wähle ein Ritual aus, das zum jeweiligen Mond und zu deinen Aktivitäten passt.

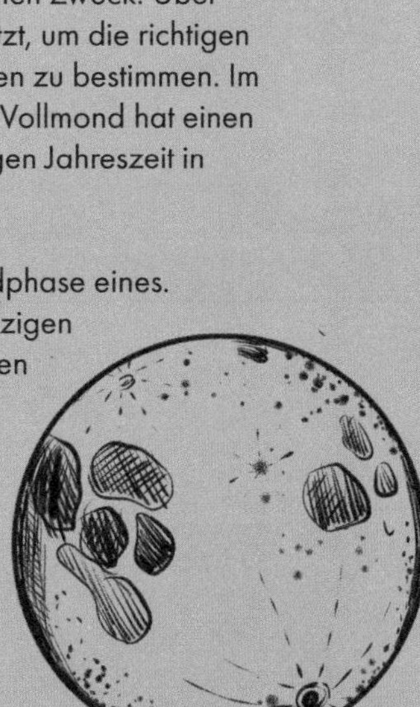

NEUMOND

HEILIGES INTENTIONSRITUAL

Reinige dich und deine Umgebung mit Salbeirauch. Zünde unter dem Neumond eine schwarze Kerze an. Dadurch lädst du die Energie neuer Ideen und neuer Anfänge zu dir ein und setzt deine Energie zurück.

Bereite, während die Kerze brennt, ein dunkles Getränk zu, vorzugsweise Tee. Warte geduldig, bis er fertig gezogen hat, gieße ihn in eine Tasse und visualisiere die Fülle und die neuen Ideen, die in dein Leben strömen.

Rühre die Flüssigkeit gegen den Uhrzeigersinn um, damit sie dich beschützt, während du voranschreitest.

Notiere deine Absichten und Pläne auf separaten Zettel und leg sie zusammen mit einem Quarzkristall in ein Gefäß.

Je nach Jahreszeit ist jetzt der perfekte Zeitpunkt, um Blumenzwiebeln oder Samen in die Erde zu stecken.

ZUNEHMENDER SICHELMOND

MONDWASSERRITUAL

Wenn der junge Mond seine erste silberne Sichel zeigt, ist der Zeitpunkt perfekt, um mit der Herstellung von Mondwasser zu beginnen.

Fülle dein Gefäß zu einem Viertel mit Wasser und leg einen Quarzkristall hinein. Verschließe es mit einem Deckel. Halte das Gefäß eine Weile in Händen und bitte den Mond, das Wasser mit Kraft, Fülle und Schutz aufzuladen. Stell das Gefäß auf einen Spiegel, um die magischen Kräfte zu stärken.

Hol das Gefäß jede Nacht zurück ins Haus und fülle es bei zunehmendem Mond weiter auf. Fülle das Wasser nach dem Vollmond in eine Sprühflasche um. Verwende es, um dein Heim oder deinen Körper zu segnen.

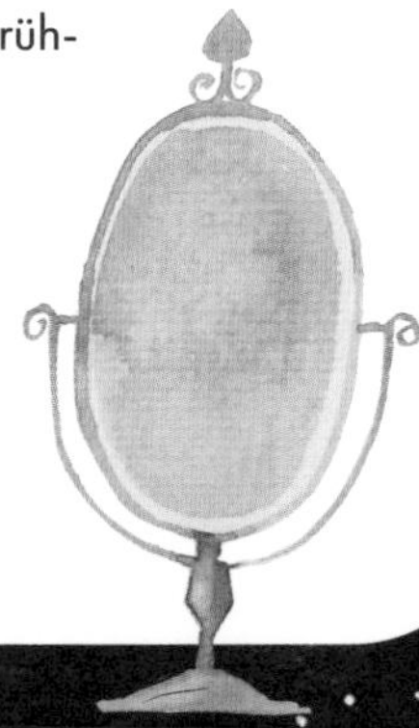

Zunehmender Halbmond

RITUAL DER JUNGFRAU IM MOND

Stärke deine Liebe, deine Jugendlichkeit und deine Verbindung zur jungfräulichen Göttin des Mondes. Zünde eine rosafarbene Kerze an und verwende einen Rosenquarz.

Fülle eine silberne oder durchsichtige Schale mit Wasser. Verrühre das Wasser mit einer Quarzspitze, um es zu aktivieren. Füge nun einen Tropfen ätherisches Rosen- oder Lavendelöl hinzu. Du kannst auch eine kleine Blume in die Schale legen.

Stell die Schale nach draußen oder auf eine Fensterbank und konzentriere dich auf die Schwingung der Liebe. Bitte die jungfräuliche Göttin, dir Gesundheit, innere Schönheit und Jugendfrische zu schenken.

Zunehmender Dreiviertelmond

MUTRITUAL MIT DEM ELEMENT FEUER

Wenn du zu dieser Zeit mutiger sein möchtest, dann führe ein einfaches Feuerritual durch, um Leidenschaft, Mut und Inspiration in dir zu entfachen.

Besorg dir einige Gewürze wie etwa Sternanis, Zimt und Chiliflocken.

Bereite einen belebenden Tee zu – einen Chai oder etwas Ähnliches. Setz dich mit deinem Tee in aller Ruhe hin, nimm deinen Kristall zur Hand und überlege, wo in deinem Leben du am meisten Kraft brauchst.

Schreib die Antwort auf ein Blatt Papier und falte es dreimal. Leg deinen Kristall oben auf den Zettel, bis du deinen Tee ausgetrunken hast.

Nimm das Blatt noch einmal in beide Hände, lass es dann los und verbrenne es in einer feuerfesten Schale. Füge eine Prise von den Gewürzen hinzu und zünde eine Kerze an.

Bitte die heilige Brigid, die Göttin der Metallkunst, der Geburtshilfe, der Poesie und der Kreativität, dein Heim zu segnen und deinen Mut zu stärken.

VOLLMOND

MAGISCHES MANIFESTATIONSRITUAL

Bitte die fünf Elemente Erde (Norden), Luft (Osten), Feuer (Süden), Wasser (Westen) und Geist (Mitte) um Beistand für dein Vollmondritual. Zünde fünf Kerzen an.

Notiere deine Wünsche für die Zukunft und tu so, als ob sie bereits erfüllt wären. Danke der Mondgöttin für ihre kraftvolle Energie und bitte sie um ihren Segen für zukünftige Projekte.

Sauge die Magie ganz in dich auf und verstärke Schönheit und emotionale Einsichten, indem du Mondwasser in dein Badewasser gibst. Füge Rosenblätter, ätherisches Rosen- oder Lavendelöl und Epsom-Salz hinzu.

Backe einen Vollmondkuchen, um deine Erfolge und deinen Reichtum zu feiern, trinke Wein und sei verschwenderisch!

Abnehmender Dreiviertelmond

HEILIGES RITUAL DES LOSLASSENS

Die Zeit des Vollmonds und des abnehmenden Mondes ist bestens dafür geeignet, um Erlerntes zu hinterfragen und sich von Vorurteilen und Beschränkungen freizumachen, die man sich selbst auferlegt hat oder die einem von anderen auferlegt wurden.

Doch um zu heilen, musst du zunächst reinigen.

Schreib auf ein Blatt Papier, was du loslassen möchtest, und falte das Blatt dreimal.

Gib eine kleine Handvoll Epsom-Salz in eine hitzebeständige Schale und füge zum Schutz einen Rosmarinzweig hinzu.

Leg das Papier in die Schale, zünde es an und stell dir dabei vor, wie die Last von dir abfällt und deine Sorgen in Rauch aufgehen.

Wenn nötig, wiederhole das Ganze. Hör dabei Musik, mach aus dem Ritual einen ganz besonderen Moment und bereite dir einen Schlummertee für die Nacht zu.

ABNEHMENDER HALBMOND

RITUAL DER MONDLIEBE

Diese Phase des Mondzyklus läutet die Zeit der Selbstfürsorge ein, von daher ist ein Liebesritual perfekt.

Gestalte ein Natur-Mandala mit einem Kristall in der Mitte. Bilde Kreise aus Blütenblättern und anderen Dingen, die Liebe verströmen. Schreib einen Liebesbrief an dich selbst oder an jemand anderen, am besten mit einem rosafarbenen Stift.

Stell dein Mondwasser auf deinen Altar, gib etwas davon auf deinen Brief und lege diesen unter deinen Kristall.

Nimm einen Rosenquarz in deine rechte und einen Bergkristall in deine linke Hand. Konzentriere dich auf die Schwingung der Liebe und lass deine Liebe ins Universum und zu allen Lebewesen strömen.

Danke der Mondgöttin für ihre emotionale Orientierungshilfe.

Lass den Brief drei Tage auf deinem Altar liegen.

ABNEHMENDER SICHELMOND

RITUAL DER SELBSTREFLEXION

Verschönere dir ein Bad mit Kristallen und dem entspannenden Duft von Lavendel und Sandelholz. Stell einen kleinen Spiegel und eine Kerze so auf eine Ablage, dass du beides sehen kannst. Zünde die Kerze an und lass den Spiegel ihr Licht reflektieren.

Das Wasser steht für den Mond und das Bild im Spiegel. Du arbeitest jetzt sowohl mit Mond- als auch mit Wassermagie. Gib ein paar Tropfen ätherisches Lavendelöl ins Badewasser und füge das restliche Mondwasser hinzu.

Nimm einen Quarzkristall in die Hand und lass den zu Ende gehenden Mondzyklus Revue passieren: Was hast du gelernt? Wie werden deine Erfahrungen dein weiteres Vorgehen beeinflussen? Oftmals nehmen während dieses Rituals neue Ideen und Projekte vor deinem geistigen Auge Gestalt an. Notiere sie und heb sie dir für den nächsten Neumond auf.

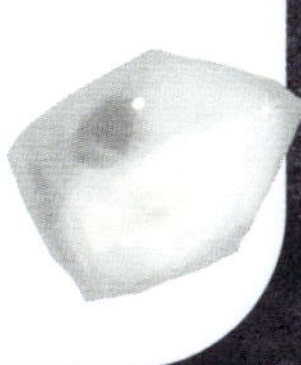

Dank

MEIN BESONDERER DANK GILT

meinen Töchtern, die meine Hexenbegeisterung teilen und mich jeden Tag aufs Neue unterstützen und inspirieren.

meiner besten Freundin Rosaleen für die allwöchentlichen Gespräche zum Thema Magie – sie sind so wichtig für meine Kreativität.

allen langjährigen und neuen Unterstützer:innen meiner Arbeit.

Mehr zu mir und meiner Arbeit findest du unter www.themoonjournal.com

Über die Autorin

Jo wurde in Großbritannien geboren, lebt aber zurzeit mit ihrer Familie und ihren Tieren auf einem Bauernhof in Portugal. Hier inspirieren sie die wilde Landschaft und der Mond, der nachts so klar scheint.

Neben digitalen Arbeitsbüchern und saisonalen Druckerzeugnissen umfasst ihr Angebot wöchentliche Mondberatungen, Bilder zum Ausmalen, Einblicke hinter die Kulissen sowie monatliche Mondmeditationen unter dem Titel »Wild Moon Mail«.

Mehr dazu hier: www.patreon.com/wildmoonmail

Titel der Originalausgabe:
The Witch's Home.
Erschienen bei Hardie Grant Books,
einem Imprint von
Hardie Grant Publishing

Projektleitung und Lektorat:
Pia Clemente, Knesebeck Verlag
Übersetzung:
Holger Möhlmann, Köln
Gedichtübersetzung Seite 39:
Cornelia Boese, Würzburg
Umschlagadaption:
Leonore Höfer, Knesebeck Verlag

Satz:
Gunnar Musan, Neumünster
Korrektorat:
Asta Machat, München
Druck:
Leo Paper Products Ltd.

Printed in China

ISBN 978-3-95728-828-8

www.knesebeck-verlag.de

MIX
Papier | Fördert
gute Waldnutzung
FSC™ C020056
FSC
www.fsc.org